别错过孩子成长的黄金十年
——做孩子的梦想规划师

陈筱芝 李巍 著

青岛出版集团 ｜ 青岛出版社

图书在版编目（CIP）数据

别错过孩子成长的黄金十年：做孩子的梦想规划师 / 陈筱芝, 李巍著 . -- 青岛：青岛出版社, 2025.4.
ISBN 978-7-5736-2874-9

Ⅰ . G782

中国国家版本馆 CIP 数据核字第 20248G1E22 号

BIE CUOGUO HAIZI CHENGZHANG DE HUANGJIN SHINIAN——ZUO HAIZI DE MENGXIANG GUIHUASHI

书　　名	别错过孩子成长的黄金十年——做孩子的梦想规划师
著　　者	陈筱芝　李　巍
出版发行	青岛出版社
社　　址	青岛市崂山区海尔路 182 号（266061）
本社网址	http://www.qdpub.com
邮购电话	0532-68068091
策划编辑	王学瀚
责任编辑	尹红侠
封面设计	祝玉华
照　　排	青岛乐喜力科技发展有限公司
印　　刷	青岛北琪精密制造有限公司
出版日期	2025 年 4 月第 1 版　2025 年 4 月第 1 次印刷
开　　本	16 开（710mm×1000mm）
印　　张	15
字　　数	210 千
书　　号	ISBN 978-7-5736-2874-9
定　　价	58.00 元

编校印装质量、盗版监督服务电话：4006532017　0532-68068050

> 序言

别急，
慢教育让孩子快成长

当你打开这本书时，我们想告诉你，教育孩子别着急。你如果认同这个观点，就已经有了远离教育焦虑的定力和勇气。

欲速则不达，人生有很多事情不能着急，教育就是其中的一种。人的一生很长，会经历许多无法预知的事情，会感受日新月异的科技，会遇到形形色色的人。孩子们比拼的不是一时一刻的输赢，而是在漫长的人生路上，应对社会快速发展变化的能力。

面对狂风暴雨，一棵大树需要依靠发达的根系和坚固的树干。不管外界环境怎么变化，不管面临的是干旱，还是虫灾，是雷电，还是严寒，大树的根系只要足够发达，就都能从很深的地下摄取养分，都能让枝叶茁壮生长，都能让树干变得更加粗壮，任凭四季更迭，都能焕发勃勃生机。一棵树之所以具有强大的生命力，不是因为地面上挺拔的树干，而是因为隐藏在地下的庞大根系。

教育孩子是家庭中非常重要的事情，是一项庞大且复杂、持续且长久的系统工程。教育不是依靠美好的想象、空洞的说教就能达成的，而是由生活中点点滴滴的小事汇集而成的。父母如果能够在孩子成长的关键时期，静下心来，踏踏实实地做好教育的每件小事，就像让大树慢慢长出庞大的根系一样，最终让孩子拥有强大的生命力。

教育慢下来，父母才有时间和孩子一起去感受成长的愉悦，在激烈的教育竞争中，才能变得更加宽容和有耐心，不疾不徐地陪着孩子走好每一步。

在慢教育下成长的孩子，才有时间经历、体会、理解成长的每一步，才有时间和父母进行细致交流，才能从父母身上及周边环境中汲取营养，通过自我消化，转化成自我的力量。

在慢教育下成长的孩子，往往能够更深刻地理解这个世界，能够拥有自己的观点，做出适合自己的选择，从而成为能够独立思考和独立判断的人。最终，孩子通过日常小事的锻炼逐渐成长起来，拥有旺盛的生命力，能够更加积极勇敢地面对未来。慢，有时候就是快。

面对问题，重要的是要找到解决问题的关键点。只要找到问题的关键点，问题就会迎刃而解。父母只要找到教育的三个关键点，就能找到解决教育问题的钥匙。如果父母能够想清楚以下三个问题，教育就会变得事半功倍：

（1）教育孩子的关键期是什么时候？

（2）父母希望把孩子培养成什么样的人？

（3）父母需要做好哪些生活小事？

每逢大事要有静气。像结婚、买房这样的事情，每个人都会反复思考衡量，对孩子的教育事关孩子的未来，父母更需要静下心来认真思考该如何教育孩子。

父母要想在教育中保持不急不躁的心态，就需要搞清楚上面三个问题的答案，这样才能用以终为始的视角寻找解决方案。

父母一旦想清楚希望将来得到什么样的教育结果，就能根据孩子的特质，按照孩子的成长节奏，思考在幼儿园、小学、初中、高中、大学等不同的阶段分别该做些什么，在该培养生活习惯的时候就培养生活习惯，在该陪伴学习的时候就陪伴学习。

清楚了每个阶段的目标后，父母就能变得从容不迫。万事开头难，先走好开头的第一步，有一个良好的开端之后，继续思考接下来的教育。

陈筱芝　李　巍

2024 年 8 月

目录

序言 别急，慢教育让孩子快成长 / 001

第一章 别错过孩子成长的黄金十年

孩子将面对的人生三次大考 / 002

父母教育理念的四大来源 / 006

18种常见教育问题 / 008

教育的黄金十年是哪十年？ / 014

教育的黄金十年和父母职业生涯的黄金十年 / 018

面对孩子的三次大考，父母怎么做才有效 / 023

第二章 做孩子的梦想规划师

伟大的教育法则 / 028

关键时期的梦想规划 / 030

梦想的作用 / 034

梦想的要求 / 036

梦想的四个来源 / 038

第三章 激发孩子梦想的方法

梦想的策略 / 044

发现孩子的五大优势 / 047

在孩子不同成长阶段激发梦想 / 052

构建父母的五大优势 / 055

第四章　梦想的五个阶段

一位医学专家的梦想实现历程 / 060

梦想的起点和五个阶段 / 062

第五章　小学、初中和高中的梦想任务

小学：梦想的探索阶段 / 072

初中：梦想的聚焦阶段 / 078

高中：梦想的定向阶段 / 083

如何帮助孩子对梦想定向 / 088

为了梦想定向要思考的三个问题 / 093

第六章　性格好的孩子生活更幸福

性格对孩子产生的影响 / 096

性格是什么？ / 100

人有哪些性格？ / 104

为什么说"三岁看老"？ / 110

如何培养面对三次大考的性格 / 112

第七章　让孩子变得强大的五种性格

灾难是性格的试金石 / 116

关键时期的养育 / 118

抗挫力：活着比什么都重要 / 119

坚韧不拔：实现梦想的毅力 / 123

勇敢：无畏地面对困难 / 127

独立：孩子走向成熟的标志 / 132

弹性：让孩子具有强大的生命力 / 135

第八章　让孩子拥有幸福的四种性格

积极乐观的人能发现生活的美好 / 140

有责任担当的人能赢得别人的信赖 / 144

善良的人内心丰盈而富足 / 148

爱是获得幸福的基础 / 151

第九章　促进孩子事业发展的能力

好奇心：创新力的来源 / 158

洞察和思考：看透事物本质 / 163

迭代学习：适应世界的变化 / 170

会玩：愉悦自己和他人 / 176

成长思维：不断改进与成长 / 180

与人合作：获得更多的机会 / 184

第十章　父母和孩子共成长，孩子才愿意倾听

为什么孩子不听我的话？ / 188

父母学会退出，孩子就会更强大 / 204

做好这些事，教育更有效 / 209

管理好情绪，每逢大事有静气 / 213

设立边界，给彼此成长的空间 / 216

接纳彼此的不完美 / 219

学会心疼自己，学会放过孩子 / 225

结束语：理想的教育结果是水到渠成 / 228

第一章

别错过孩子成长的
黄金十年

孩子将面对的人生三次大考

漫长的一生中,我们要经历无数次考试或考验,除了上学时期的周考、月考、升学考以外,还要面对婚姻、事业、财富等无形的考验。

在大大小小的考试中,我们始终要面对人生的三次大考:升学的考验、社会生存的考验、实现人生梦想的考验。这三次大考分别对应一个人生活的三大内容:学习、工作和生活。

每个人对成功有不同的定义,取决于他看重上述哪种考试。有的人期望事业有成,名利双收,为此而不断努力;有的人期望拥有幸福的爱情、友情和亲情,认为家庭幸福和美比拥有成功的事业更重要;有的人认为做自己想做的事情,才觉得活得有意义。

一、升学考试

升学考试,是指孩子从小到大要面对的各类必须参加的考试,如小升初考试、中考、高考、研究生考试等。通过考入好学校,学生可以获得优质的教育资源,从而实现人生的梦想。

升学考试是父母们特别关注的考试,也是家庭教育焦虑的源头,是直接影响亲子关系和夫妻关系的因素。很多家长面对升学考试,焦虑着急,都在苦苦寻找理想的升学解题之道。

二、社会生存考验

社会生存考验，是指孩子在社会上能否生存和发展的考验，简称"社会大考"。

孩子们经过漫长的学习后都会踏入社会，开始接受社会的考验，这也是对父母教育成果的检验。孩子们掌握的技能高低决定了他们能否从容应对社会的考验。孩子们会面临很多问题，比如：如何在工作中获得更好的机会？怎么才能和团队里的人好好合作？领导不喜欢自己怎么办？为什么自己很努力却没有被认可？是留在大城市工作还是回到小城市工作？如何才能让自己从维持生存的状态转入获得良好发展的状态？面对不公平，是为了工作机会忍受下来还是转身潇洒离开？遇到心爱之人时该如何开口？遇到坏人该怎么办？

社会考验不像升学考试中的考题有标准答案，不是只要答对了就能得分，也没有明确指定的考试大纲。社会考验更像是灵活的作文，只有遇到对口味的阅卷老师，才能获得高分，而且批改社会考题的阅卷老师并不会按照考纲来判题。没有考试提纲的社会考试充满了不确定性，让考生们不得不扩大学习范围，不断在实践中多多磨炼，才能顺利通过考试。

顺利通过升学考试的孩子，能不能顺利通过社会的考验呢？由于评估标准不一样，两种考试之间有相辅相成的关联性，又相互独立。

三、实现人生梦想的考验

实现人生梦想的考验，是指能否过上自己想要的生活的考验，简称"人生大考"。

人生考验更关注家庭亲情关系、个人成就等要素。很多父母对孩子的期望就是过上健康幸福的生活，孩子如果还有能力选择做自己喜欢的事情，当然就更好。有时候生活不一定要波澜壮阔，平平淡淡也很幸福。

纵观人的一生，升学考试、社会生存考验和实现人生梦想的考验这三次大考相辅相成，相互关联，又彼此相对独立。能同时顺利通过升学考试、社会生存考验、实现人生梦想考验这三次大考的人，是幸运的；没有在升学考试中拿到高分的孩子，有可能在社会生存考验、实现人生梦想的考验中获得成功的机会。

不同的考试会有不同的考题，想要顺利通过考试，甚至得到高分，就要了解考试大纲的范围，然后提前做好准备。经过充分的准备后，孩子就能够从容不迫地面对考试。

面对升学考试，孩子需要经过多年的努力学习，学校的老师一直在指导孩子按照考试大纲学习各种考点，掌握诸多知识点，孩子才有可能获得好的成绩。孩子该如何面对社会生存的考验和实现人生梦想的考验呢？孩子需要从什么时候开始准备呢？要学习什么内容呢？谁来负责培养呢？用什么教材呢？有没有考试大纲呢？有没有标准答案呢？一个个问题接踵而至，引发父母们的思考。

有丰富考试经验的人知道，学生如果对某个知识点还没吃透，新的知识点又源源不断地涌来，就很容易学成"夹生饭"，在考试中丢分。

有经验的老师会告诉孩子，解题理想的方式是吃透大纲，整理出考试的知识点，然后一点点把知识点弄懂吃透，这样才能获得高分。

一个孩子如何才能变成学霸呢？往往是通过提前预习、上课认真听讲、学懂学透每个知识点、收集错题本，再加上天赋、努力、家庭资源等要素的综合作用，最终成为学霸的。

社会生存的考验和实现人生梦想的考验也是如此，孩子也需要提前做好准备，努力学习，无论出什么类型的考题，孩子都能够轻松自如地应对。

家长若想让孩子顺利通过这三次人生大考，就需要和孩子一起提前做好准备。家长在大考面前要冷静，要深入思考，对教育想得足够透彻，才能纵观全局，思虑周全，提前做好布局准备。

教育是一条单行道，无法重来。每个孩子都有自己的成长节奏，如何抓住孩子成长的关键时刻，做出长远的打算，做好充分的准备，考验着家长的智慧和勇气。

父母教育理念的四大来源

家长也许会好奇，自己教育孩子的想法是从哪里来的。我们做了多年教育工作后发现，父母的教育理念通常来自以下四个方面：

第一，家庭传承。父母传承和延续祖辈的教育经验。

第二，自我学习。父母自己系统学习科学的教育方法。

第三，美好期望。父母想让孩子成为自己期望中的样子。

第四，吃亏经验。父母不想让孩子吃自己曾经吃过的亏。

当人们经历过影响自己命运的成功和失败，感受过人性的善恶，经受过生活的困境，经历过职场的起起伏伏、财务上的挑战后，面对孩子时，就想把自己多年积攒的宝贵人生经验传授给孩子。

家长的视野和智慧往往来自曾经走过的路、遇到的人和见到的事。经过岁月的沉淀后，家长与家长之间出现了或大或小的认知差异，这种认知差异决定了孩子不同的起点。

有的家长通过高考考上了好大学，找到了一份好工作，享受到了教育带来的红利，就会把自己考上好大学的心得体会传授给孩子，期望孩子也能通过好好学习来收获教育的红利。有的家长曾经吃过低学历的亏，就不愿意孩子重蹈覆辙。于是家长不同的认知在孩子身上得以传承。父母有自己的原生家庭，父母又成为孩子的原生家庭。

想要让教育变得更加顺利成功，家长需要思考以下问题，以便清晰地参透教育的本质，摆脱他人经验的制约：

（1）我是在培养符合未来需求的孩子，还是在培养会被未来淘汰的孩子？

（2）我能培养出身心健康的孩子吗？

（3）通过我的教育，孩子踏入社会以后能适应社会吗？

（4）我是在给孩子提供鱼，还是在教孩子捕鱼的方法呢？

（5）针对不同的年龄，我该培养孩子哪些品质和技能呢？

如果家长想清楚了以上的问题，教育思路就会变得更加清晰，教育方法就会有章可循。随着社会的发展和孩子的成长，家长要不断调整和优化教育理念和教育方法，孩子就会变得越来越好。

18种常见教育问题

在家庭教育领域，预防孩子出现问题显得特别重要。孩子出现问题后再进行治疗，心理上多少会有伤痕，与其出现问题后治疗，不如防患于未然。

家长想好了该如何培养孩子，接下来就可以了解处于不同年龄段的孩子可能出现的问题，从可能出现的问题着手，提前做好预防。

多年来，我们收集了很多家庭提出的教育问题，来自企业家、公司高管、公司员工、事业单位员工、经济困难人员等不同群体，父母的学历从小学到博士后，孩子的年龄从婴儿到二十多岁，孩子就读的学校包含公办、民办、国际学校等。

当我们把收集到的家庭问题进行归类，发现问题集中在18个大类的问题上。在提出的问题中，绝大部分家长关注的是孩子的学习和行为。

经过分析，我们发现，孩子所处的阶段不同，父母提出的问题也有所不同。

一、学前阶段

在学前阶段（0～6岁），升学还是一个相对遥远的话题，父母关注的教育焦点往往在孩子的健康成长上，比如品格、兴趣、爱好等方面。此类问题往往没有标准答案，答案和父母对孩子的期盼有关。很多父母期盼孩子拥有勇敢、独立、坚强、爱思考、善良等好品格。

孩子处在学前阶段的父母通常会提出以下问题：

（1）如何培养孩子勇敢、自信、积极、乐观的好品格？

（2）应该培养孩子哪方面的兴趣爱好？

（3）应该让孩子读哪些类型的书？

（4）如何让孩子健康成长？

一旦远离升学压力源，教育就会回归到孩子本身，呈现出岁月静好、其乐融融的本真状态。

二、小学阶段

与初中和高中相比，小学阶段还是一个比较轻松的阶段。刚刚进入小学的孩子，面临的不是学习好坏的问题，而是习惯的养成问题。当下社会，爱学习的家长越来越多，他们会通过各种渠道学习教育知识。学校的家长会也是学习教育知识的好渠道，老师们会告诉家长应该注意的事项。这个时期，家长们的问题往往集中在培养学习习惯、培养生活习惯、建立规则意识、寻找好的教育资源等问题上。

小学生的父母通常会问以下问题：

（1）如何让孩子养成学习好习惯，如不拖拉、按时做作业、有责任心等？

（2）如何教育孩子才有效？

（3）孩子上课时注意力不集中怎么办？

（4）为孩子选择公立小学还是私立小学？

三、初中阶段

初中阶段往往存在升学压力，初中生的父母的教育任务不仅包括让孩子健康快乐成长，还包括升学准备、提升成绩等比较紧迫的问题。

初中生的父母通常会问以下问题：

（1）如何激发孩子的学习兴趣、学习动力和学习意愿？

（2）孩子偏科怎么办？不爱学习怎么办？如何掌握好的学习方法？

（3）孩子不愿和父母沟通怎么办？孩子脾气怪怎么办？

（4）孩子沉迷电子产品怎么办？

（5）孩子如何才能考到心仪的高中？

很多初中生的父母往往更关注孩子的学习行为和结果。孩子对父母的感受也会发生变化。小时候父母更关注孩子的生活和心态变化，孩子上学后，父母关注的重点变成了作业、补课、必须完成某项学习任务等等。

到了初中，孩子发现升学是自己回避不了的话题，自己的同学都在埋头学习，周测、月考不仅体现了成绩的变化，也牵动着父母的心。学习的重要性日益凸显，亲子之间的冲突往往在此阶段变多了。

很多小学生的家长还能保持镇定，很多初中生的家长往往会被身边的各种升学话题所干扰，同时面临着升学考试和青春期沟通的双重压力，是否还能气定神闲地保持以前的教育理念和节奏，这考验着父母的定力和智慧。

四、高中阶段

高中的孩子进入青春期中后期，思想趋于成熟，有自己独立的想法，同时又面临着升学考试中重要的节点——高考，家长需要和孩子一起选择报考的大学和专业。

高中生的自我意识变得越来越强，这会让父母产生无力感。高中生的父母很想帮孩子，但无法左右孩子的想法，又怕孩子在高压学习下出问题，就会变得更加谨慎小心。

高中生的父母通常会问以下问题：

（1）孩子不知道将来要做哪种工作，怎么办？

（2）孩子考哪个大学比较好？选哪个专业比较好？

（3）孩子将来做什么工作比较有前途？

高中生的家长首先要搞好孩子的后勤保障工作。父母如果在初中阶段已经解决好了亲子沟通问题，就能给孩子提供强有力的心理支撑，就能让孩子拥有舒缓压力的有效途径，就可以让孩子顺利地度过紧张的高中阶段。

五、大学生毕业之后

孩子大学毕业后，父母通常更关注的是孩子在社会上生存立足和实现人生梦想这两大考验，提出的问题往往集中在以下两个方面：

（1）孩子能否找到好工作？孩子能否学会团队合作？孩子是否会有很好的发展？

（2）孩子能否谈恋爱？孩子的婚姻幸福度高吗？孩子有好朋友吗？

孩子大学毕业以后，没有了升学压力，父母开始关注孩子的事业和情感问题。此时的孩子已经成人，有了自己的想法，很难被父母改变，如果在外地工作，父母更是鞭长莫及。踏入社会的孩子，往往要靠自己的能力、素养和品质去独立面对各种社会考验。

在孩子的成长过程中，家长会面临上述18种问题，这些问题环环相扣，一个问题接着一个问题。家长如果只考虑解决眼前的问题，就是治标不治本，很难起到根治问题的效果。

苏妈妈对上大二的孩子很头疼。孩子长得漂亮又乖巧，正处于毕业后是考研还是上班的抉择时刻。孩子自己对此没有什么明确的想法，还和班上一个学习特别差的同学成了好朋友。

苏妈妈是一位职场女强人，她对此很担心，她期望孩子对未来有想法，有行动，期望孩子做事风风火火，飒爽干练，她认为孩子只有这样才能在社会上有好的发展。

对于孩子交朋友的问题，她实在不理解优秀的孩子为什么要和成绩差的孩子交朋友。

我们对孩子以后想从事的工作进行初步梳理，孩子明确表示只想当老师，她给出的理由是老师不需要处理复杂的人情关系。

选择的背后一定有故事。我们继续追踪孩子为什么害怕复杂的人情世故，原来孩子从小在一所知名的私立小学上学，这所小学存在隐形的"学习霸凌"现象。

孩子就读的那所私立小学，以学习成绩作为考核指标之一，学习好的孩子往往会受到老师和同学的关注，成绩不突出的孩子则容易被忽略，甚至会面临其他同学的冷嘲热讽和冷落。

成年人在相处时往往遵循一定的社交规则，而上小学或初中的孩子往往缺乏社交技巧，不大注意自己说话有多伤人，也不在意同学是否能够承受"语言暴力"。

在私立学校的九年，面对"隐形霸凌"，女孩刚开始努力抗争，后来放弃抗争，变得沉默。她曾经向老师和父母求助，可老师和父母都觉得所谓的"霸凌"都是小事，是孩子之间的打闹玩笑，认为女孩过于大惊小怪，要求女孩学会包容、理解其他同学，告诉女孩吃亏就是福。女孩在老师和父母那里没有得到理解和支持，慢慢变得沉默，逐步变成了老师和父母眼里的乖巧孩子，不惹事，也不闹事。慢慢地，她发现和比她学习差的同学交朋友要容易得多，不需要花太多心思就可以交到朋友，于是她喜欢上这样交友的方式，这种习惯一直延续到上大学。

孩子现在出现了问题，往往可以从过去的教育中找到出现问题的原因。过去的种种经历，会给孩子留下不可磨灭的记忆。正是过去的教育带给孩子的成长经验，影响着孩子后来的交友方式和工作选择。

要想解开教育问题的症结，就需要找到解决问题的关键点，才能让问题迎刃而解。

家长如果了解了在孩子不同阶段应该关注的问题，提前开始进行教育预防准备，就能有效规避孩子成长中的问题，避免把问题积累到下一阶段。日事日清，在每一个阶段解决好相应的问题，就能避免问题接连出现，就能让每个阶段的教育规划有条不紊。

教育的黄金十年是哪十年？

一、理想的教育是预防

父母在孩子成长的黄金十年中提前做好各种准备，可以减少孩子成长过程中遇到的烦恼。

世界上最好的医生不是能够起死回生的医生，而是从小就做好疾病预防的医生。下面是流传民间的小故事：

魏文王问名医扁鹊："你们家弟兄三人都精通医术，是天下有名的医生，那么，如果分个伯仲，究竟谁的医术最高？"

扁鹊毫不迟疑地说："我们三个人的研究各有侧重，也各有所长，但论医术的高明程度，大哥最好，二哥次之，我是最差的那一个。"

魏文王听了，感到十分纳闷，问道："你是全国知名的神医啊！什么病都能治，他们为什么比你厉害？"

扁鹊不慌不忙地解释道："大哥治病主要在病情发作之前，由于一般人不知道他事先能铲除病因，所以他的名气无法传出去，只有我们家的人才知道。二哥治病，主要是治病于病情发作初起之时，一般人认为他只能治轻微的病，所以他的名气只传于本乡里。而我治病，是治病情最严重的时候，一般人都看到我能做大手术，也能起死回生，所以认为我的医术高明，名气自然就响遍全国。"

理想的教育不是去解决孩子已经出现的问题，而是要防微杜渐，预防孩子以后出现问题。在教育的黄金十年中，父母一定要提前做好预防。磨刀不误砍柴工，孩子成为学霸的一个重要条件是提前做好学习准备，同样，要想成为优秀的家长，家长也要做好教育准备，用十年的努力换孩子未来一生的幸福。

二、在教育的黄金十年中要抓住关键时期

台下十年功，才能换得台上一分钟的精彩。了解了黄金十年的付出带来的教育好处，有的家长接下来会问：教育的黄金十年是指孩子的哪十年呢？

家庭教育要遵循孩子身心发展的规律，家长只有了解了孩子成长过程中会出现哪些变化，才能根据孩子的成长节奏来进行教育。孩子身心发展的几个重要阶段正好对应了教育的黄金十年的几个重要时期。

父母要结合孩子的身心发展规律、自我特质和家庭现状等诸多因素，来实施教育。

孩子的发展主要包括生理发展和心理发展两个部分。生理发展主要是指孩子身高的增长、体重的增长、大脑的发育、生理机能的发育等。父母关注孩子的吃喝拉撒睡，期望孩子身体健康，这通常属于孩子的生理发展范畴，属于养育的范畴。心理发展主要是指孩子的认知、语言、人格等方面的发展。父母期望孩子有思想、有能力、有判断力等，这通常属于孩子的心理发展范畴。图1列出了儿童生理发展和心理发展包含的内容。

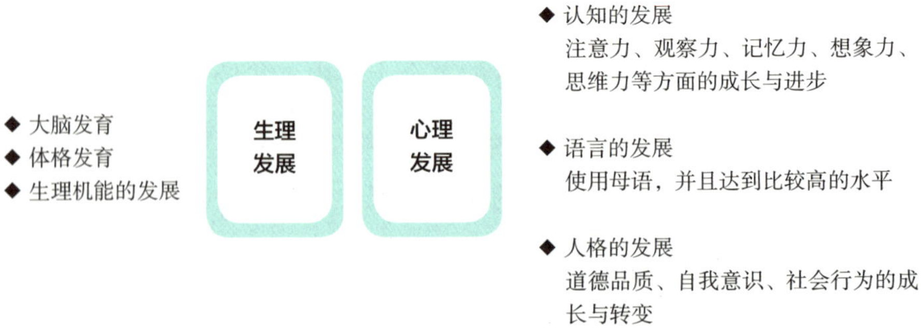

- 认知的发展
  注意力、观察力、记忆力、想象力、思维力等方面的成长与进步

- 大脑发育
- 体格发育
- 生理机能的发展

- 语言的发展
  使用母语，并且达到比较高的水平

- 人格的发展
  道德品质、自我意识、社会行为的成长与转变

图1　儿童生理发展和心理发展的内容

图2列出了儿童性格发展的年龄特征与阶段划分，展示了儿童性格形成的整个周期。

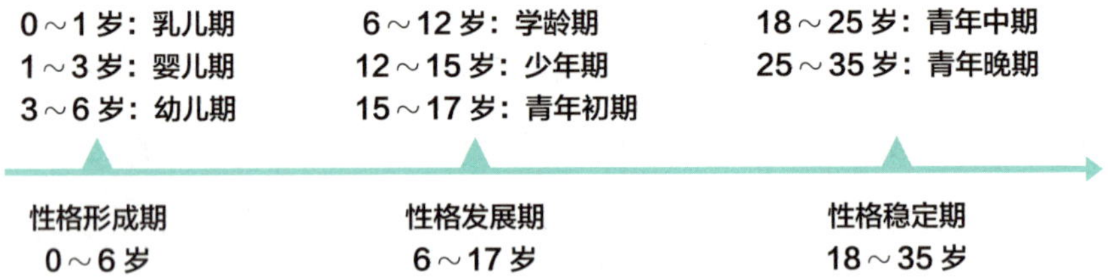

0～1岁：乳儿期	6～12岁：学龄期	18～25岁：青年中期
1～3岁：婴儿期	12～15岁：少年期	25～35岁：青年晚期
3～6岁：幼儿期	15～17岁：青年初期	

性格形成期　　　　　性格发展期　　　　　性格稳定期
0～6岁　　　　　　　6～17岁　　　　　　18～35岁

图2　儿童性格发展的年龄特征与阶段划分

0～6岁是孩子的性格形成期。这个时期一般会经历三个周期，分别是乳儿期、婴儿期和幼儿期。

6～17岁是孩子的性格发展期。在这个阶段，孩子慢慢走出家庭，对外部环境有更多的接触，生活环境变得丰富起来。同时，孩子的生活节奏也变快了，在学校接受系统的课程教育，需要完成学校的作业。

18岁以后是孩子的性格稳定期。孩子的性格逐渐稳定，身体的力量感在不断增强，孩子的知识面在增大，认知水平也在不断提高，接触社会的半径也在扩大，团体生活也有所增加，作业和考试的形式也在发生变化，父母和老师的关注重点也在发生变化。所有这些构成了孩子的成长环境，孩子的成长环境也在发生着变化。孩子的成长环境是影响孩子性格成长的重要因素。

孩子的世界变得越大，父母的影响力往往就会变得越小。如何培养孩子的好性格，是父母在教育黄金十年里的一项重要任务。

整体来看，从孩子出生到大学之前的这段时间就是家庭教育的黄金时间，也就是18岁之前，可是在此期间，父母真正能够影响和教育孩子的时间是有限的，究竟哪十年是家庭教育真正有效的黄金十年呢？

高中是孩子学习特别忙碌，身心发展接近成人的阶段。高中生的自我认知意识比较强，高中的学习任务重，时间紧，很多孩子都住校，所以高中生父母对孩子的影响往往没有小学和初中阶段那么大。初三时期，孩子们要面临分流压力非常大的中考，初三孩子的父母往往忙于助力孩子的升学考试，无暇顾及其他事情。孩子从出生到上幼儿园之前这一段时间，很多父母往往关注的是孩子的日常生活，还没有教育和规划的意识。

如此粗略一算，除去高中三年、初三一年和0～3岁外，18岁之前可用于教育的黄金时间差不多就是十年。

教育的黄金十年和父母职业生涯的黄金十年

我们如果把人生当作一幅画卷，就会发现人生的画卷上分布着一件件人生大事，父母职业生涯发展的黄金十年（30～40岁）正好和孩子成长的黄金十年相互重叠，父母会和孩子共同经历这黄金十年。父母如果晚生晚育，就有可能和孩子一起面对更年期与青春期遭遇战。

在这相互重叠的黄金十年里，面对自己的职业生涯发展和孩子的未来发展，父母如何做好时间和精力的分配呢？如何平衡事业和家庭的关系呢？如何控制自己的情绪呢？如何和孩子共同成长呢？这需要父母用勇气和智慧来面对。

一、解决问题的理想方式是直面问题

在教育孩子的过程中，如果孩子出现了某些问题，家长像鸵鸟那样把头埋进沙子里，去逃避问题，那么问题并不会自动消失，会一直存在，结果要么是直接爆发，要么是积累到一定程度之后再爆发。解决问题的理想方式是直面问题，同时尽量提前防范。

教育从来不是做表面功夫，那些让人羡慕的"别人家孩子"的背后，都有深谋远虑、冷静理智的家长。外人只看到这些家长似乎表面上很悠闲，就像在水面上悠闲游动的鸭子，其实藏着水下的脚蹼正在不停地扑腾。

当家长职业生涯发展的黄金十年和孩子成长的黄金十年相重叠时，家长如果能够做到相辅相成，就可以在发展自己事业的同时，也为孩子的成长赋能，让双方的成长相映生辉。

职场女性成为母亲之后，往往会面临更多的职场考验，甚至会影响自己的职场竞争力。休产假的时候，有的女性有可能失去原来的职场岗位，有的项目有可能不得不中断。在孩子三岁之前，母亲为孩子付出的时间和精力往往多于父亲，有可能影响自己的职场发展。

许多优秀职场女性往往在生育宝宝前处于职场上升期，在生育宝宝后，有可能损失两次职场晋升的机会，其中一次是在生孩子的时候，另一次是在孩子上小学前。有的职场女性在生完孩子后选择全职在家照顾孩子，等孩子上幼儿园后再开始找工作。她们在生孩子之前积累的职场经验和人脉会在三年工作空窗期有所损耗，再找工作时不容易找到优质的工作。

有的妈妈并没有选择全职的方式陪伴孩子，原因有以下三点：

第一，生活成本的压力。房子、车子、教育、医疗、养老等费用，让很多家庭保持夫妻双方都工作的状态。

第二，拥有工作和收入是女性独立的底气。在很多女性看来，家庭的稳定源自夫妻双方经济收入的稳定，拥有一份收入是自己保持独立底气的保障。

第三，很多女性有实现自我价值的渴望。

这三点原因会让很多女性不愿全职带孩子，如果自我发展和孩子教育缺失存在不可调和的矛盾，如何让孩子能够更好地进行自我管理就显得尤为重要。

二、激发动力系统，让教育变简单

在孩子获得足够的身体力量之前的很长一段时间里，孩子需要依赖周围环境来满足自我成长的需要。他们的体格还不够强健，经验还不够丰富，他们会在心理上、智力上、生活上依赖成年人。这种依赖会一直持续到成年，直到孩子认为自己具备了自我生存的能力之后才会逐渐消失。

在依赖父母的阶段，孩子会观察父母的反应来做出相应的反应。孩子对父母的依赖程度存在较大的个体差异，这往往取决于父母对孩子的教育期待，是想让孩子变得坚强、勇敢、独立、自信，未来能够独立应对各种情况，还是希望保护孩子，为孩子创建单纯的环境，避免让孩子受到伤害。

父母只要采用适合的教育方式，就能在孩子成长的黄金十年中培养出孩子的动力系统。

孩子一旦形成了动力系统，就会知道自己想做什么，该做什么，就会自觉自愿地主动承担任务，并且高效出色地完成任务，同时不需要父母监督，更不需要父母强迫，就会自己安排好每天的学习计划，完成作业，照顾好自己，从容应对生活中存在的困难等。这样也有利于减少家庭矛盾冲突，有利于建立和谐的亲子关系，同时也解答了前文列出的 18 种家庭教育常见问题，还能减少父母在职场发展的阻力，能够让父母把精力平衡地分配在工作上和家庭上。

孩子在积极向上地成长，父母在努力为家庭奋斗，大家都为对方赋能，家庭就形成了强有力的能量场。

家庭是个能量场，父母就是创造能量场的核心人员。父母的眼里不仅要有孩子，还要有自己。父母要让自己成为孩子通往世界的大门。

父母活得越丰盈，越有可能为孩子打开更多通往世界的大门。父母要让孩子看到这个富有活力和充满各种可能性的世界，孩子就会努力地走出去，去感受更多的精彩。

三、用吸引力形成家庭能量场

父母拥有的能量会对孩子产生多大的影响呢？父母创造出来的能量场会给予孩子更多的动力和勇气，让孩子去面对他自己的丰盈生活。

从刘畅一家人的身上，我们能够看到父母的能量对孩子的影响。刘畅现任新希望掌门人，刘畅的妈妈李巍在影响着她，刘畅也在影响着妈妈，同时又成就着自己。

资料显示，2013年刘畅出任新希望六和董事长，从2013年到2015年，新希望六和净利润增幅累计达到27%。从2016年6月起，刘畅开始单独掌舵销售近750亿元的新希望六和。她一步一步走到今天，谁对她的影响最大呢？

在一档节目中，刘畅谈到母亲对她的影响很大。她说："我是一个幸运的人，有坚守勤奋、开放和自我改变的父母。"

在创业早期，刘畅的父亲刘永好长期在外地工作，母亲李巍既又要上班，又要照顾孩子，还要帮助刘永好对接工作上的事情，总是从早忙到晚。李巍是如何平衡工作和家庭的关系呢？又是如何把教育融入生活中的点滴小事的呢？

面对"80后"的女儿刘畅、"00后"的儿子，以及如今"15后"的外孙，李巍采用的教育方法各不相同，她对教育的理解非常有前瞻性。

教育刘畅的时候，李巍是位严母，她说："刘畅虽然是个女孩，但作为女儿，必须有担当的能力和责任。我的目标是培养一个接班人，所以对刘畅的要求非常严。现在想起来，觉得对孩子的童年有些亏欠。"

刘畅在采访中提到过，自己从小到大没睡过一天懒觉。上初中时，其他同学的妈妈把孩子送到寝室，会为他们铺床，打开水，忙来忙去，但李巍都是让孩子自己干。

李巍说："如果有一天你离开我，就得自己做这些事。今天我帮你做了，明天谁帮你做？你在我身边学会了做这些事情，等你离开我以后，我就会对你更放心，是不是？"带着这样的态度，李巍让刘畅很快学会了独立。

李巍原本是职场女性，后来做了八年的家庭主妇，然后重新创业。她一直期望自己能够成为儿女的榜样，期望通过自己的所作所为影响孩子。

成功的教育经得起时间的检验。从刘畅的身上，我们看到了家庭教育的成果。家长一直在影响着孩子，家长的状态影响着孩子未来的状态。家长如果希望孩子活出精彩，就要先活出自己的精彩。要想让孩子成为有能量的人，父母就要先成为有能量的人。有能量的父母才能培养出有能量的孩子。

在彼此重叠的家长职业发展的黄金十年和孩子成长的黄金十年，家长不仅要教育好孩子，也要发展好自己的事业。有的家长牺牲自己的事业，去成就孩子，这样的家长非常伟大；有的家长在艰辛的职场拼搏，活出了自我，也同样伟大。家长那股内心渴望向上的力量会推动孩子奋力前行。一个内心强大的孩子，整个世界都会为之让路。

让家庭教育的黄金十年成为激励家长快速成长的黄金十年，一家人并肩前行，携手共进，成就彼此。

面对孩子的三次大考，父母怎么做才有效

在高中生父母提出的问题中，"我家孩子很聪明，但是不努力""我家孩子对学习没有兴趣"等问题占了绝大多数。

一、黄金十年的重要任务

学习动力是孩子努力的重要前提。动力越足，孩子主动努力的程度就越高；动力不足，即使父母再怎么努力，也会出现"皇帝不急太监急"的现象。上高中的孩子之所以没有学习动力，往往是因为从小学到初中，父母少做了一件事，就是没有帮助孩子找到学习的原动力。

无论是升学考试，还是社会生存考验，还是实现人生梦想的考验，都会对孩子产生压力。对抗压力的有效方式是内生动力。

那些自律性很强的孩子不但能够积极主动地做好学习计划，还能管理好自己，是因为心中有一个"奔头"——我想做什么。清楚自己的学习目标很重要，人一旦有了学习目标和学习动力，就会养成自动自发学习的好习惯，而好习惯都是通过日常点滴小事积累形成的。

有动力的孩子往往才能承受住学习的艰苦，才能抵抗住外部的诱惑，才能顶得住来自各方面的压力。如何构建孩子的动力系统，成为黄金十年的重要教育任务。

高质量的教育，是父母主动选择的结果。父母思考得越清楚，对

孩子的教育就会越顺利。既然黄金十年对孩子的未来有重要的影响，家长就需要花时间认真思考该如何培养孩子，想清楚每个阶段的主要教育任务是什么。

如果把人生比作一次长跑，优秀的长跑队员之所以能够坚持下来，并且取得优异成绩，往往是因为以下四种要素：

（1）有强烈的渴望。

（2）有强大的内心力量。

（3）有天赋优势。

（4）有强大的教练及保障团队。

马拉松赛场上，很多运动员带着对比赛的敬畏之心和对自己多年训练结果进行检验的渴望，面对众多高手，仍然勇敢地接受挑战，驱动自己不断努力地向终点奔跑。

内心的渴望让他们愿意接受日复一日、枯燥艰苦的高强度训练。因为内心有渴望，所以愿意去努力拼搏。这种渴望会让一个运动员突破天赋或教练团队的局限，无惧风雨，无畏困难艰险，一路勇敢向前。这不就是父母期望孩子具备的品格吗？

再平坦的路，孩子如果不愿走，往往就会走得磕磕绊绊；再崎岖的路，孩子只要愿意走，就一定会坚持走下去。

教育的黄金十年，是孩子形成强大动力系统的关键时期，动力是让孩子通过人生三次大考的重要推力。

动力系统分为两层，一层是内部动力系统，另一层是外部动力系统。外部动力拉动，内部动力驱动，就形成了孩子的教育动力双引擎。在双引擎的牵引下，孩子会自动自发地行动起来，会心生渴望，会产生强烈的行动意愿，从而走上他想走的路，克服路上将会遇到的各种困难，最终和梦想相遇。图3展示了内部动力系统和外部动力系统的作用。

图 3　内部动力和外部动力系统图

二、外部动力是什么？

对孩子来说，外部动力来自通过自身努力之后获得的某种回报，比如父母或老师的认可与赞赏、荣誉奖励等。

对父母来说，努力工作的外部动力来自以下几个方面：

（1）想为家庭创造更好的经济条件，想让孩子享有更优质的教育资源。

（2）拥有一份让自己满意的事业。

（3）拥有自己喜欢的物品。

（4）能够有闲暇时间旅游。

对孩子来说，努力学习的外部动力可能来自以下几个方面：

（1）取得更好的成绩，考上更好的学校，获得更好的工作机会。

（2）获得老师、父母、同学的认可。

（3）不想听父母唠叨。

（4）赢得伙伴们的敬佩。

（5）获得某位心仪对象的青睐。

三、内部动力是什么？

一个人做自己热爱的事情，虽然不一定会有回报，但可以满足自我内心的追求。比如读更多的书，不是为了炫耀知识渊博，而是通过读书去寻找答案，让自己过得更充实。

一个人之所以希望获得更高的学历，不仅是因为缓解就业的压力，还因为渴望探索某个领域的奥秘。一个人之所以结婚生子，不一定是因为迫不得已听从父母的意见，也可能是因为爱。

家长要想让孩子获得强大的动力，就需要通过教育来积蓄力量。慢教育能让孩子有时间储备好未来需要的强大动力能源，而有计划的教育黄金十年就成为孩子重要的蓄力阶段。

孩子无论拥有什么样的动力，都会不断奋力向前。孩子如果拥有内外动力双引擎系统，就能持续保持向前的动力，就能做好充足的准备，来迎接人生的三次大考。

第二章

做孩子的
梦想规划师

伟大的教育法则

世界上非常伟大的教育法则是梦想法则,正如歌曲《北京欢迎你》的歌词:"有梦想谁都了不起,有勇气就会有奇迹!"

一、孩子动力的形成

孩子的动力一般不会凭空产生,往往来源于日常生活中某些微不足道的小事,然后逐渐形成孩子的早期动力点——梦想。动力是让孩子主动学习的重要力量,梦想能够推动孩子自发地努力学习。

在孩子梦想形成的过程中,父母发挥着非常重要的作用。无论是有意还是无意,父母都在规划着孩子的梦想。可以这么说,父母就是孩子的梦想规划师。图4显示了梦想和目标的关系。

图4 梦想和目标的关系

孩子缺乏学习动力，是很多父母头疼的问题。有的高中生不知道自己为什么学习，如果让他们描述自己未来的工作场景、工作内容、工作能力和工作状态，他们很难进行具体的描述，显得很迷茫，不知所措。

填报高考志愿和选择专业时，他们往往根据自己擅长的学科来选择专业，而不是根据自己的爱好来选择。高考分数决定了能考上哪所大学，选择的大学专业往往会和未来从事的工作有一定的关联度。

二、梦想在，动力就在

很多孩子在小时候是有梦想的。小学生都写过作文《我的梦想》，我们可以从孩子的作文里看到孩子早期的梦想萌芽。随着年龄的增长，眼界的开阔，认知的提升，孩子的梦想会发生变化。只要梦想一直在，孩子的动力就一直在。

我们特别期待的是，在孩子成长的黄金十年中，父母能够守护好孩子的梦想。孩子的人生不会总是一帆风顺，不管遇到多少困难挫折，不管走过多少曲折道路，心怀梦想的孩子都会坚定努力地走下去，最终都会到达心中那束光指引的地方。

关键时期的梦想规划

梦想形成的过程比较漫长，梦想的形成有一定的偶然性，梦想可能来自孩子看过的一本书或一部电视剧，也可能来自邻居小哥哥的榜样力量，也可能来自父母一句不经意的话的触动。

高中生的梦想，往往是从小学或初中时代的梦想逐步演化而来。要想孩子在高中有具体的梦想和目标，家长的引导就显得非常重要。

如果家长从小学或初中就开始帮助孩子寻找梦想，到了高中，孩子往往就会形成自己的梦想。

一、中高考有目标

每年填报中考志愿或高考志愿时，很多家庭都面临选择学校或专业的问题。

初中生的家长往往会咨询以下问题：

（1）孩子能考上什么样的高中？
（2）目前哪所高中比较理想？
（3）是否需要提前和高中签订指标意向？
（4）要不要选择国际学校？
（5）能否为考大学做更多的路径准备？

高中生的家长往往关心以下问题：

（1）孩子能考上什么样的大学？

（2）孩子应该选择哪种专业？

（3）孩子将来会从事哪种职业？

（4）孩子所选的专业将来有没有好的就业前景？

很多家长对孩子未来考哪个大学、选择哪种专业、从事哪种职业等问题往往只有大致的了解。

上高一的小何马上要进行文理分科了，他需要做出选择。他的父母问他以后想从事哪种职业，他说自己还没有想清楚。他的父母对他选择文理科的意见无法统一。

小何的爸爸希望他从事金融行业的工作，妈妈则期望他选择计算机专业，认为这个专业将来好就业。小何父母总是不能达成一致的意见，常常闹得不愉快。小何夹在父母中间，感到非常难受，以至于有段时间，他宁愿在学校学习，也不想回家。

小何很少想过自己喜欢什么专业，也很少想过自己将来从事什么职业，父母说尊重他的选择，这反而给了他很大的压力。一方面，他不知道自己该选择什么专业；另一方面，他希望父母停止争执。后来，小何不得不向老师求助。

如今很多父母的家庭教育观念在发生变化，常常会尊重孩子的意愿，可是孩子没有自己的想法，父母和孩子都会变得无所适从。

二、梦想对新高考选择的重要性

近几年来，各地陆续开始新高考改革。新高考改革在考试科目、高校招生录取机制等方面做出了重大调整，目的是探索基于统一高考和高中学业水平考试成绩、参考综合素质评价的多元录取机制，增加高考与高中学习的关联度，全面实施素质教育，为学生提供更多的选择，缓解学生的考试压力，促进学生全面而有个性的发展。

根据已经公布的新高考政策，新高考不再按文理分科，而是由九门学科进行多种组合，现有新高考模式有"3+3"和"3+1+2"两种模式。

1. 新高考"3+3"模式

第一个"3"是指语文、数学、外语三门必考，第二个"3"是指很多地区采用"6 选 3"模式，也就是从思想政治、历史、地理、物理、化学、生物等六个科目中自主选择三科作为考试科目。

2. 新高考"3+1+2"模式

"3"是指语文、数学、外语三门必考。

"1"是指首选科目，考生需要从物理、历史科目中选择一科。

"2"是指再选科目，考生可在思想政治、地理、化学、生物科目中选择两科。

"3+3"模式有 20 种组合，"3+1+2"模式有 12 种组合。不同的组合会对应大学不同专业的选择。

截至 2024 年 6 月 20 日，全国高等学校共计 3117 所。截止到 2024 年 2 月，全国普通高等学校本科专业共包含 792 种专业。

可想而知，光是这些专业就足以让人眼花缭乱了，更何况还要结合大学的情况、孩子的特质、就业的情况和未来的发展等多种因素，来帮助孩子做好大学专业的选择。

孩子如果在高中阶段明白自己想干什么，有明确的兴趣爱好，而且自己的兴趣爱好和社会的发展趋势相吻合，就能有效提升学习动力，就能赢在升学考试。进入大学后，孩子会因为热爱自己所选的专业而更加努力地学习，让大学成为进入社会大考前的重要起点。

三、梦想让学习变得自动自发

尽早帮助孩子找到梦想，是解决将来升学、选科的关键点。触发孩子梦想的有可能是小学写过的作文《我的梦想》。孩子们天马行空地畅想未来，无拘无束、无所畏惧地写下自己的多个梦想：科学家、企业家、工程师、宇航员、明星、设计师、老师……某些不经意走进孩子生活的人物、事件，在孩子写作文的那一刻，在众多选项中脱颖而出，成为孩子心中的梦想。

梦想对孩子而言，就像在众多的旅游景点中，孩子终于找到的自己喜欢的地方。作为孩子梦想的规划师，父母可以帮助孩子用梦想导航仪，在从出发地到目的地的所有路线方案中，找到最优的那条路径，然后找到合适的交通工具，算出需要的时间、费用，来完成愉快的旅途。

梦想的作用

一、言传身教的传承

很多孩子心目中的英雄是父母，他们希望自己长大后能成为像父母那样的人。引发全网关注的"韦神"韦东奕，也早早就拥有自己的梦想，梦想里爸爸的影子清晰可见。

韦东奕从小热爱数学，小时候最大的爱好是读数学书。韦东奕的父亲是数学领域的专家级教授，曾任山东建筑大学理学院副院长，兼任山东大学博士生导师、山东省第六届数学会理事。

韦东奕的家中，随处可见的都是数学书，浓厚的读书氛围潜移默化地影响着他，他对数学的热爱变得一发不可收。

当别的小朋友还在玩泥巴时，韦东奕在学习数学。在别人眼里，数学是高深难懂的。在韦东奕眼中，字符和数字充满了生命力，读数学书是他感到非常快乐的事情。

二、兴趣是触发梦想的前奏

兴趣和梦想是一对密友，相伴而行。兴趣是触发梦想的前奏。普通人的休息方式是玩耍，韦东奕的休息方式是刷两道数学题。

韦东奕在小学一年级时读到了《中国华罗庚学校数学课本》，这本书让他感到了数学的奇妙。当同班同学在掰着手指头计算 10 以内加减法的时候，他已经在研究数学难题了。尽管书中的数学题难度远远超过了同龄孩子所学的难度，他却能轻松地解出来。

别的孩子看动画片或打游戏时，韦东奕在与父亲一起研究数学题，即使在他吃饭的时候，也在认真地研读数学题的解法。每解开一道数学题，他都能感到无与伦比的快乐和兴奋。解开数学题的乐趣被层层叠加起来，经过长时间的积累，加上天赋异禀，最终让韦东奕脱颖而出。

三、有梦想就有动力

有了梦想，动力就伴随而生。动力会让孩子专注在自己想做的事情上，推动孩子自觉自发地去追逐梦想。长期追逐热爱的事情，会激发孩子产生"内啡肽"，能够抵御"多巴胺"带来的短暂快乐的诱惑，电子产品成瘾的情况就不会发生。父母不需要每天督促孩子读书，也不需要每天监督孩子做作业。孩子越早拥有梦想，教育就会越轻松。

作为孩子梦想的规划师，父母首先需要了解孩子的梦想是如何形成的，才能做到因势利导。

梦想的要求

父母对孩子的终极梦想是孩子过上幸福的生活。父母对幸福的要求有很多种，从人生画卷来看，在事业、情感、个人成就这三大维度下，分别对应了不同的要求。

（1）身心健康，这对孩子的身心提出了要求。

（2）事业有成，这对孩子的学习和事业发展提出了要求。

（3）家庭幸福，这对孩子的性格等相关方面提出了要求。

（4）财富充裕，这对孩子的赚钱能力提出了要求。

能在水面上悠闲游动的鸭子，靠的是水面下努力划水。孩子的成长靠的是多方面努力。作为孩子的梦想规划师，父母要想让孩子获得幸福，就需要静下心来思考该如何培养孩子。

只要社会上提供的工作岗位数量少于每年就业的大学生数量，只要好大学提供的学位数量少于每年考生的数量，竞争就会存在。父母要学会理性看待竞争带来的压力，对抗压力的方式就是让孩子拥有自己的梦想。

一、升学考试

既然竞争不可避免，家长就需要了解孩子面对升学的压力究竟多大。中考、高考、就业是孩子将要面对的三道关口。升学数据能帮助我们清晰地了解孩子面临的竞争现状。这里列出了一些数据，不是为了加剧焦虑，而是为了让家长更好地了解现状。

以下是教育部公布的数据：

2024 年参加高考人数达到 1342 万，比去年增加 51 万。

2024 年全国高校毕业生预计达 1179 万。

2024 年全国硕士研究生考试报名人数达 438 万。

2024 年全国报考公务员人数 291 万，招考人数 39561 人。

二、就业发展

如今社会经过高速发展，开始进入一段发展相对平缓的时期。科技的发展让用人单位对人才的需求发生一系列变化，就业岗位的具体要求和数量也在发生变化。很多父母都希望孩子能考上一所好大学，找到一份好工作。

如今新出生的人数呈现下降趋势，未来参与就业竞争的人数在逐渐减少，就业市场的人才结构也在悄然发生变化，孩子该如何面对未来的社会竞争呢？

三、梦想变化

不同时代的梦想是不一样的。随着社会的发展，家庭的梦想也在发生变化，比如从吃得饱到"三转一响"（手表、自行车、缝纫机和收音机），再到"房子、车子、孩子"，再到更多元的梦想。

梦想的四个来源

一、梦想的第一个来源：喜欢的事情

教育的黄金十年，也是父母对孩子影响力最大的十年。孩子越小，父母的影响力就越大。作为孩子的梦想规划师，父母需要掌握相应的技巧，把孩子的梦想从多种兴趣爱好中提炼出来，通过不同的尝试，让孩子的梦想逐渐明晰。

梦想的产生，往往是从做自己喜欢的事情开始的。每个孩子都有自己的智力天赋优势，有的喜欢思考，有的喜欢唱歌，有的喜欢跳舞，有的喜欢画画，等等，不一样的孩子喜欢的事情也不一样。逼着没有舞蹈细胞的孩子去跳舞，就如同赶着鸭子上架。

孩子越小，就越有机会去做自己喜欢的事情，加上合理有效的梦想规划，梦想就越容易清晰地呈现出来。同时，让孩子做自己喜欢的事情，对培养孩子的性格和品格非常有帮助，可以起到事半功倍的效果。

二、梦想的第二个来源：英雄榜样的力量

梦想的第一个来源是孩子的兴趣爱好，第二个来源是英雄榜样的力量。

现实生活中，孩子在小时候会把父母当成自己的英雄偶像。在小孩子心中，父母就像无所不能的超级英雄。判断孩子是否长大的重要

标准，是他能否意识到爸爸妈妈也是普通人。

年龄大一点儿的哥哥姐姐也有可能成为小孩子心目中的英雄。年龄小的孩子总是喜欢和比自己年龄大的孩子玩。向其他小朋友炫耀的时候，很多孩子喜欢说自己的哥哥或姐姐在某些方面特别厉害。

生活中的英雄偶像从哪里来呢？孩子会从看过的书、动画片、电影，遇到的人，听到的故事，遇到的事情中找到自己的偶像。父母是孩子的梦想规划师，对孩子的梦想规划其实就藏在家长给孩子买了什么书、看了什么电影、说了什么话、鼓励了什么行为等日常生活细节中。也许有的家长还没有意识到这就是梦想规划，但已经开始行动了。

1. 多元的朋友圈

原生家庭对孩子产生的影响往往是全方位的，会从生活习惯、行为模式、婚姻合作模式、追逐梦想的行动等多方面影响孩子。作为孩子从小到大的亲密接触者，父母要对自己的工作充满成就感和自豪感，孩子就会成为和父母一样的人。

当然，要想培养好一个孩子，家庭内部环境很重要，外部环境同样很重要。外部环境包括围绕在家庭周围的亲戚、朋友等，其中父母的朋友圈也非常重要。父母身边的朋友如果都非常优秀，那么也会成为孩子的梦想引路人。如果父母的朋友圈足够多元，孩子就会产生多元的梦想。

怎么判断父母的朋友圈是否多元呢？其实很简单，拿出父母的手机，看看手机里那些联系非常密切的朋友，有没有分布在不同的行业领域的成功人士就可以了。

2. 给孩子看什么很关键

孩子从小接触的电影、电视、动画片和图书等可视化的媒介，是触发孩子梦想的重要方式。父母如何给孩子选择电影、电视、动画片和图书很重要。

好的影视作品往往传递着积极正向的价值观，会赞颂正义的行为，抨击邪恶的行为。如果父母从小给孩子看勇敢的小英雄故事片，孩子就会像小英雄一样不怕困难。

不良的影视片、动画片、游戏会给孩子带来不好的影响。有的孩子喜欢长时间玩电子游戏，长此以往，就会无法区分现实世界和虚拟世界的差别。有的孩子经常玩含有暴力行为的游戏，在现实世界中容易出现暴力行为，甚至在心理上完全没有负罪感。

优秀的动画片会把知识性和趣味性融为一体，可以扩大孩子的知识面，增加孩子的阅历，培养孩子的优秀品格，让孩子受益良多。而劣质读物会让孩子学会取笑或欺负同学，甚至把邪恶的人当作榜样。

作为孩子的梦想规划师，父母给孩子选择好的读物真的很重要。好的梦想会帮助孩子打好人生的底色。

父母可以尝试给孩子看各种各样与梦想有关的书籍。梦想可能是一种职业，也可能是一种生活的方式，或者是孩子的一种兴趣爱好。

3. 找到让自己感动的榜样

"地震男孩"程强在汶川地震中被空降兵救助，在欢送空降兵离开时，程强举着写有"长大我要当空降兵"的条幅，表达自己的心愿和梦想。后来，程强凭借刻苦努力的训练，成为一名正式的空降兵。韦东奕受父亲的影响，从小酷爱数学，在数学领域取得了很多成果。

生活中总有一种感动会让人泪流满面。孩子一旦接触到让自己感动的英雄，就有可能把英雄当作自己的榜样，长大后就努力成为像英雄那样的人。

给孩子介绍某位英雄或科学家时，父母可以从这位英雄或科学家身上找到感动自己的事迹和品质，再把这种感动传递给孩子。这种感动体现着父母积极正向的价值观，孩子日复一日地接受父母的熏陶，孩子也会形成积极正向的价值观。

三、梦想的第三个来源：成就感

如果孩子能在某件事情上获得成就感，这件事就有可能成为孩子梦想的来源。

职场中，有两种情况可以让一个人对工作产生愉悦感，第一种情况是找到了自己喜欢的工作，第二种情况是逐渐喜欢上了正在从事的工作。第一种情况是拥有对工作的自主选择权，而且获得了成就感；第二种情况是在工作中寻找成就感，化被动工作为主动工作。

对孩子来说，拥有成就感非常重要。

谈起自己的梦想，小梁可以追溯到自己上幼儿园的时候。正是成就感让他拥有了梦想。

刚上幼儿园的时候，小梁还是一个吐字不清、五音不全的孩子。当老师问有没有小朋友愿意上台给大家唱歌时，小梁勇敢地上了台。唱完后，老师和小朋友们都热烈鼓掌，掌声让他很开心，让他有了一个模糊的想法："因为我会唱歌，所以大家都很喜欢我。"

于是，他喜欢上了唱歌，每次班里组织各种活动和晚会，只要有表演唱歌的机会，他就会积极主动地报名。慢慢地，他开始学习唱歌，而且唱得越来越好。

高中时，小梁面临着是否要走专业路线的选择问题。通过专业的老师评估，小梁了解了自己真实的歌唱水平，明白自己并不能成为真正的歌唱家，但这并不影响他想从事与音乐相关的工作。高考填报专业时，他还是毫不犹豫地填报了与音乐相关的专业。

小梁的父母并没有想到，小梁的音乐梦想居然起源于幼儿园登台唱歌时的掌声。如果孩子的天赋优势并不明显，成就感就将是他热爱生活、追求梦想的重要动力。

四、梦想的第四个来源：使命感

使命感能让一个人产生强大的动力。使命感的力量是巨大的，它能让人不顾个人利益和安危，挑战和突破生命的极限。

革命先烈如果没有强大的使命感，怎么能经受住反动派残酷的镇压和惨无人道的酷刑呢？是革命者坚定的信仰和强烈的使命感，让革命获得最终的胜利。

新中国成立之初，百废待兴，有一批在国外学习和工作的科学家毅然选择归国，为祖国的建设鞠躬尽瘁。他们是华罗庚、钱学森、师昌绪、邓稼先、梁思礼、朱光亚……23位"两弹一星功勋奖章"获得者中，21位有过出国留学或工作的经历。他们不计个人得失，历经艰辛，辗转回国，功勋卓著，为中国科技发展奉献了一生。

这些站在知识巅峰，已经成为人生赢家的科学家，为什么会舍弃当时优渥的国外生活，毅然回国报效祖国呢？使命感会让人做出超越个人利益的选择，在自我发展和国家发展之间，在小我和大我之间做出让人敬佩的抉择。使命感带来的力量，能让人变得勇敢无畏。

孩子一旦拥有了使命感，就如同装上了强大的梦想发动机，将无惧任何困难险阻，一往直前，坚定不移。

第三章

激发孩子梦想
的方法

梦想的策略

一、面对高考的选择

不同的家庭有不同的梦想策略。

让雨昕妈妈手足无措的事情出现了。高二文理分科的时候，雨昕妈妈让喜欢文科的雨昕选择了理科，理由是理科生将来比文科生更好找工作，听话的雨昕当时选择了理科。在随后的学习中，雨昕越来越觉得文科才是自己的最爱。临近高考志愿填报时，她更加坚定了自己的想法，她告诉妈妈，坚决要选偏文科的专业。像雨昕这样临近高考才明白自己真正喜欢什么的孩子大有人在。

每年高考志愿填报之际，不仅是厘清孩子梦想的时候，也是验证家庭教育成果的时候。孩子和父母对未来的思考有以下四种情形，如图 5 所示。

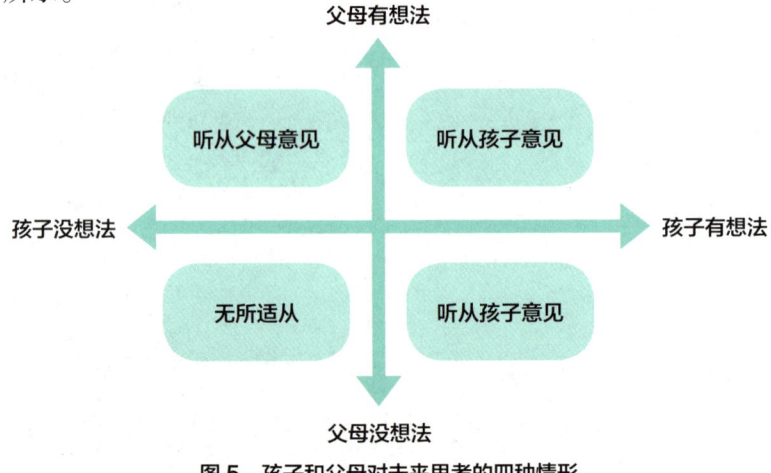

图 5　孩子和父母对未来思考的四种情形

第一种情形：孩子有自己的想法，父母没什么想法，父母往往会听从孩子的意见。

第二种情形：孩子有自己的想法，父母也有自己的想法，如果亲子关系良好，孩子的想法比较成熟，那么父母一般都听从孩子的想法。

第三种情形：孩子没有自己的想法，父母有自己的想法，如果亲子关系良好，孩子往往听从父母的想法。

第四种情形：孩子没有自己的想法，父母也没有自己的想法。这时，父母和孩子通常采取根据分数能上哪个大学就选择哪个大学的策略，或者听从有经验的专业人士、老师或亲朋好友的建议。有的父母会选择咨询公司提供的服务。

高中生的家长往往关注以下四个问题：

（1）孩子报考哪个大学？

（2）孩子报考什么专业？

（3）孩子将来去哪个城市上学？

（4）孩子学哪个专业将来比较好找工作？

二、专业的发展、孩子的兴趣与就业发展

要想回答以上四个问题，就需要关注这三个要素：孩子所选专业的发展趋势、孩子的兴趣爱好和孩子的就业发展。这三个要素缺一不可，所选专业的发展趋势会影响孩子的就业发展，还会影响职业的生命周期；孩子的兴趣爱好会影响孩子工作时的心情，还会影响孩子对工作的接纳度；孩子的就业发展关系到孩子的生存状况和发展情况。

面对以上这三种要素，不同家庭的关注重点往往不一样。

家庭经济状况比较普通的家长关注的问题顺序一般依次为：

（1）孩子大学毕业以后好不好找工作？

（2）孩子将来找到的工作工资高不高？

（3）孩子将来是否会失业？

（4）孩子喜不喜欢这种工作？

家庭经济状况比较好的家长往往认为孩子的生存压力比较小，更看重孩子的兴趣和爱好，即使孩子根据自己的喜好选择了社科类、人文类或艺术类等专业，他们也会鼓励孩子去尝试。

社会始终在向前发展，孩子的梦想会随着社会的发展而发生变化。有的孩子的梦想是为中华之崛起而读书，有的孩子梦想成为科学家、医生或老师，有的孩子梦想成为歌手、舞蹈家或画家，有的孩子梦想成为军人或企业家等。

生活如此美好，孩子可以尽情追逐属于自己的梦想。作为孩子的梦想规划师，家长的职责是保护好孩子的梦想，让孩子获得前进的动力。

发现孩子的五大优势

世界上没有两个完全相同的孩子,即使是双胞胎也会有不同的地方。每个孩子都有自己的特质,所以父母要因材施教。父母如果能够全面、客观地认识自己的孩子,能够了解孩子所处年龄阶段的生长节奏和天赋特质,能够判断孩子属于何种"材料",就能进行有针对性的培养,就能真正做到因材施教。

父母需要了解孩子具有哪些优势,这样才能做到扬长避短,因材施教。该从哪些方面来客观地评估孩子呢?一起来看看如图6所示的优势模型图。

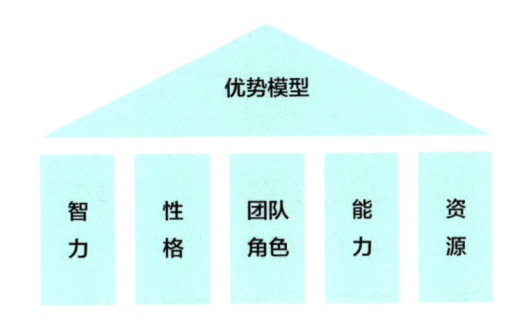

图6 优势模型图

上图显示了与孩子升学、社会适应和人生考验相关的五个要素:智力、性格、团队角色、能力和资源。

一、智力优势

智力优势往往能让孩子赢在升学大考。父母要从孩子的智力天赋组合中了解孩子的优势在哪里，千万不要逼孩子去做超越孩子智力范围的事情。

每个孩子都拥有自己的智力优势，父母要让孩子充分发挥自己的长板优势。需要特别指出的是，孩子自身的智力优势不代表孩子在社会团体中的优势。

二、性格优势

性格优势往往能让孩子赢在社会大考和人生大考。性格决定思维，思维决定行为，行为决定结果。

在孩子性格的形成关键期，父母要充分了解孩子的性格，这样就能根据孩子的性格特征，做好教育的引导和培养。

三、团队角色

人具有社会属性，会在不同团队中担任不同的角色。父母要培养孩子的团队合作能力，让孩子在社会大考中占据优势。

"团队角色理论之父"梅雷迪思·贝尔宾教授，毕业于英国剑桥大学卡莱尔学院，提出了团队角色理论，一个团队往往需要九种角色，团队成员会在团队中担任不同的角色，如表1所示。表中列出了九种团队角色的优点和作用，父母可以判断孩子将来适合从事哪一种工作，适合与什么样的人合作，这样可以帮助孩子尽早实现梦想。

表 1 九种团队角色

角色	优点	在团队中的作用
协调者	沉着，自信，能够控制局面	明确团队的目标和方向，决定解决问题的优先顺序，设定团队的角色分工、责任和工作界限
凝聚者	擅长人际交往，温和，对人际关系比较敏感	支持和帮助他人，是氛围调节剂
外交家	性格外向，好奇心强，联系广泛，对信息比较敏感	擅长提出建议，擅长整合信息，喜欢接触其他群体，喜欢参加活动
创新者	有个性，思想深刻，不拘一格	提出建议，提出批评，并有助于引出相反意见
监督者	清醒，理智，谨慎	分析问题，澄清问题，对他人的判断做出评价，敢于直言不讳地提出异议，坚持自己的想法
执行者	顺从，务实，可靠	执行既定的计划
推动者	思维敏捷，胸怀坦荡，主动探索	寻找和发现团队尚在讨论中的方案，推动团队达成一致意见，并采取行动
完美主义者	勤奋，有序，认真，有焦虑感	强调任务目标的要求和时间，指出错误、遗漏或忽略点，让团队产生时间紧迫感
专家	专业，专注	给出权威和专业性意见，供团队决策

四、能力优势

能力优势是帮助孩子赢在社会大考的重要因素，有能力的人会获得更多的发展机会。在学习的压力下，有的父母容易忽略对孩子能力的培养。有的父母看到孩子学习好，就容易陷入"一优遮百丑"的误区。父母要及早开始对孩子进行能力培养，切实提升孩子的社会竞争力，帮助孩子获得更多的机会。到底该从哪些方面来评估孩子的能力呢？

图 7 是人力资源管理领域的麦克利兰人才胜任力素质模型。图中包括六个维度，共 22 个能力项目，一目了然。这张图能更好地帮助父母理解孩子需要具备哪些能力。

成就欲望和行动力
- 成就导向
- 任务管理
- 主动性
- 信息搜集

帮助与服务
- 人际理解力沟通
- 客户服务导向

管理
- 培养他人
- 命令
- 团队合作
- 团队领导

认知
- 分析式思考（演绎）
- 概念式思考（归纳）
- 管理的专业知识
- 技术/职业

个人影响力
- 冲击与影响
- 组织认知
- 关系的建立

个人效能
- 自我控制
- 自信
- 弹性
- 组织承诺
- 个人特色与能力

胜任力素质模型

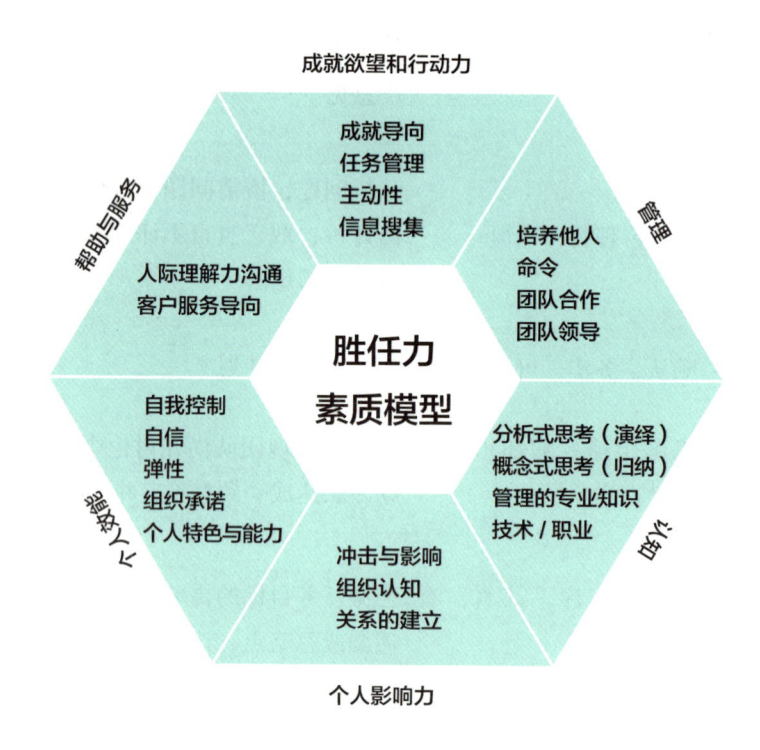

图 7　人力资源管理中的麦克利兰人才胜任力素质模型

五、资源优势

我们曾问过很多父母一个问题："假如谷爱凌是你的孩子,你能培养出如今的谷爱凌吗?"很多父母纷纷表示做不到。追问为什么做不到的时候,很多父母罗列出以下原因:

1. 父母的资源

父母拥有的资源很关键,资源一般包括经济资源和人脉资源等。要想培养一个奥运冠军级别的滑雪运动员,父母需要有足够的经济资源,支撑孩子进行系统训练,购买滑雪装备,支付教练费用,承担到各地参加比赛的费用,等等。父母还要能找到与之相配的教练。以上这些都对父母的经济状况和人脉提出了具体的要求。

2. 父母的勇气和认知

有的父母担心孩子受伤,不希望孩子参加滑雪训练。面对孩子的未来人生,如何做出理想的选择呢?这考验父母的勇气和认知。父母是选择追求大概率的成功,还是选择少有人走的路呢?父母能不能承担由于选择带来的试错成本?

3. 父母时间与精力的投入

谷爱凌妈妈定期开车 8 小时送孩子参加训练,多年来从不间断。这种自律和毅力令人敬佩,这种坚持不仅考验着孩子,也考验着父母。

优秀孩子的背后必然站着优秀的父母。父母需要对自己和孩子做出客观的评估,这样对做好孩子的梦想规划很有帮助。

在孩子不同成长阶段激发梦想

一个人不可能两次踏进同一条河流。教育是条单行线,无法掉头回到起点重来。教育没有后悔药,与其悔不当初,不如量力而行。家长需要在孩子的不同成长阶段激发孩子的梦想。

人无远虑,必有近忧。家长如果期望孩子能够承受住高中学习的压力,就要根据孩子的具体情况,在不同的年龄段培养孩子的抗压能力。

十年树木,百年树人。家长如果希望孩子在高中拥有梦想和动力,就要从孩子小时候开始培养孩子的梦想。另外,家长一旦了解了孩子的梦想来源,就能有的放矢地帮助孩子找到梦想。

以下是很多家长在孩子的不同阶段遇到的常见问题。

一、小学阶段

有位小学生的家长这样问:"我家孩子想学很多种特长,但每样特长都坚持不了太久,总是三心二意的。其实每次选特长时,我都尊重孩子的意见,都是孩子自己选择的。我反复告诉孩子既然选择了就要坚持下来,她同意了,但后来还是没有坚持下去。"

二、初中阶段

一位妈妈说起自己的孩子在高一休学时泪流不止。她的孩子在初中的学习成绩非常好，但是她觉得孩子还可以学得更好，于是不断给孩子加码。孩子终于如愿以偿地考上了当地最好的高中，但是随后出现了抑郁症状，不得不休学。

孩子一方面要升学，另一方面要保证身心健康，家长该如何兼顾这两个方面呢？该如何把握好尺度呢？

三、高中阶段

一位高一学生的爸爸这样问："我家孩子对未来没有想法，最近在理科学习上遇到了困难，就想学文科，我想和她聊聊，可是她不愿意和我说话，简直没有办法沟通。"

我问这位爸爸："孩子以前和你沟通得怎么样呢？"

爸爸无奈地说："孩子以前也不太愿意和我说话。"

我们在高中校园和家长讨论遇到的教育困惑时，高一和高二学生家长的问题往往集中在以下几个：

（1）孩子适合选择什么样的专业？

（2）孩子所选专业的发展前景怎么样？

（3）孩子所选的专业适不适合孩子？

（4）孩子对选专业没有想法，怎么办？

升学问题是每个高中生家庭都要面对的问题，也是产生家庭冲突的主要原因。

随着孩子年龄的增长，家长在小学阶段关注的是孩子宽泛的兴趣爱好，到了高中，就会关注具体的专业选择。小学阶段是孩子的梦想探索期，高中阶段是孩子梦想定向的关键期。

家长在教育上遇到的问题，往往是以往问题及其次生问题叠加而来的。一个高中生没有自己的梦想，也许是因为他的父母在他小时候忽略了对梦想的探索。

家长要多思考，拓宽认知，引导孩子走在寻找梦想的路上。孩子在不断成长，父母也要不断成长。如果家长的思想落后于社会发展，就容易失去敏锐的判断力，就容易错过培养孩子梦想的最佳时机，甚至会降低自己在孩子心目中的威信，从而失去给孩子提建议和帮孩子参谋的机会。

父母要尽全力陪伴和托举孩子，为孩子披上用教育织就的坚强铠甲，然后再依依不舍地放手，目送孩子独立前行。孩子未来的成就和父母的教育密切相关。

构建父母的五大优势

不仅孩子拥有五大优势，父母也具有五大优势，具体如图8所示。

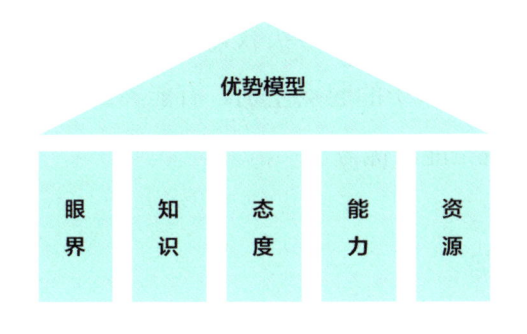

图 8　父母的优势模型

一、眼界优势

父母要及时关注社会发展趋势，并形成自我的认知判断。有的家长总是关注社会变化，有的家长总是关注娱乐八卦新闻，前者往往比后者更了解社会趋势，这就是眼界优势。

二、知识优势

父母要经常学习与教育相关的知识。在教育孩子的过程中，家长肯定会遇到各种各样的问题，这就需要提前学习相关知识，多读教育类书籍，多参加相关的培训。家长不仅要提升与教育有关的专业知识，还要了解多元化的知识，始终保持开放学习、持续学习的状态。这就是知识优势。

三、能力优势

父母要掌握教育的方法和技巧，比如亲子沟通方法、教育规划、梦想规划等。天下所有的父母都知道要好好培养孩子，但是从知道到做到需要能力的支撑，这也是落实教育理念的重要条件。父母之间的能力差别，往往就是孩子的起点差别。有能力的父母往往能够培养出优秀的孩子，这就是能力优势。

四、态度优势

父母要多让孩子尝试新事物，要尊重和接纳孩子的建议，要抱持一种开放的态度。如果父母秉持积极乐观、包容开放的态度，往往就能培养出非常优秀的孩子，这就是态度优势。

五、资源优势

拥有资源优势的父母有充裕的时间陪伴孩子，有雄厚的经济能力支持孩子，有丰厚的人脉资源帮助孩子。父母拥有的资源越丰富，为孩子提供的教育保障就越充分。

父母的五大优势缺一不可，并非单独存在。有知识的父母仍然需要学习各种能力，有资源的父母还要注意态度。在如今这个快节奏的社会中，父母忙事业的同时，要抽出时间关心孩子。父母只为孩子提供优渥的物质条件，是无法教育好孩子的，父母的眼界、知识、能力、态度、资源缺一不可。

父母的职责无法由他人代劳，父母今天为孩子投入时间、精力和努力，才有可能在未来拥有健康、优秀、亲子关系亲密的孩子。

有的父母自己并不努力，总是逼着孩子去努力，孩子往往不喜欢这样的父母。只有那些以身作则、不断努力的父母，才会成为孩子愿意跟随的榜样。理想的家庭教育就是父母与子女在双向奔赴中共同成长，互相成就彼此的梦想。

人生很长，值得去探索和珍惜，值得好好规划。父母在孩子心中尽早埋下梦想的种子，就能让孩子奋力拼搏。

第四章

梦想的五个阶段

一位医学专家的梦想实现历程

一、钟南山的故事

2020年，中国人记住了一个名字：钟南山。他是一位长期在医疗领域勤勤恳恳工作的医学专家，他的故事会让人看到规划和梦想的关系。广州医科大学2019级"南山班"的面试中，"为什么会学医？"是钟南山留给考生的必答题。

"为什么会学医？"提出这个问题的目的是挖掘在考生内心的动机，因为唯有热爱才能长久。

事业的选择往往来源于孩子们小时候接触的环境和感受，钟南山院士对医学的热爱源自孩童时期的成长经历。

得益于从医的父亲，钟南山很小就开始接触医学相关知识。不过，对于小钟南山来说，最吸引人的就是父亲在书房中饲养的小白鼠。常人往往不喜欢小白鼠，小钟南山却很喜欢。

每天放学后，小钟南山都会赶快回家，逗弄小白鼠，为了能够留在爸爸身边看他做实验，好动的他会静静地坐在那里。

爸爸看到儿子这么喜欢小白鼠，就把饲养小白鼠的任务交给了儿子。这让钟南山高兴坏了，他非常开心地和爸爸一起工作，于是愉快地接下了任务，每天都会定时喂养小白鼠，还学着父亲的样子观察小白鼠，观察小白鼠的变化，慢慢了解了小白鼠的习性。

就这样，"小白鼠饲养员"在父亲有意无意地培养下，慢慢喜欢上了医学。钟南山常常为身为儿科医生的爸爸打下手，还能得到爸爸耐心的点拨，逐渐对医学产生了浓厚的兴趣。

这种兴趣让他选择了医学事业。高考时，钟南山要填报专业了，他想了很久，想到了自己儿时照顾的小白鼠，想到了自己经常好奇地趴在桌子上看父亲做实验，想到了自己追着问父亲医学的问题，想到了被父亲治好的病人那感激的目光。

原来，梦想的答案一直都在，学医不光是爸爸的理想，也是钟南山的理想。在面临高考专业的选择时，钟南山毫不犹豫地选择当一名治病救人的医生。

从上文可以看出，父母的职业燃起了孩子浓厚的兴趣，父母的耐心回应与解答促使孩子梦想的建立。

二、生活经历触发的梦想

从孩子小时候开始，父母就要思考该如何培养孩子，该如何规划孩子的梦想。父母要把对孩子的期望转化为自己的行动，潜移默化地影响孩子，这样孩子的梦想就能顺利实现。"父母之爱子，则为之计深远。"规划起于父母的期望，落实在父母的教育行动上。

孩子的生活经历也能触发梦想。孩子生活的环境、接触的人或事都有可能成为梦想的触发点，比如：孩子想和好朋友考同一所学校；孩子在无意中被表扬了；孩子羡慕其他孩子获得的成绩，期望自己也能拥有这样的成绩；孩子喜欢某位老师，期望自己也能成为这样的人；孩子参加某个比赛，获得了奖项，心生喜悦；家人因病离世，孩子非常悲伤，立志做一名治病救人的医生；等等。孩子感受着成长路上的喜悦、遗憾、悲伤或惆怅，从而激发出自己的梦想和决心。

梦想的起点和五个阶段

梦想能让孩子在面对三次大考时，拥有强大的动力，无所畏惧地面对未知的将来。成年人的梦想在年少时往往有迹可循。梦想一般起源于孩子小时候天马行空的想法。孩子经过了小学阶段、初中阶段和高中阶段的学习成长，经受了社会的历练，孩子的梦想也经过了一次次筛选和甄别，最终在某个时期变得清晰起来。梦想形成的过程如同穿过漏斗一般，先出现梦想的大体方向，最终聚焦到精准清晰的目标。

根据孩子在不同阶段的发展规律，梦想从产生到实现一般分为五个阶段：探索阶段、聚焦阶段、定向阶段、行动阶段和实现阶段。图9列出了梦想形成的五个阶段。

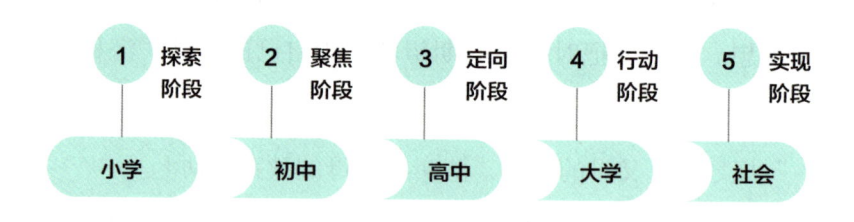

1 探索阶段	2 聚焦阶段	3 定向阶段	4 行动阶段	5 实现阶段
小学	初中	高中	大学	社会

图9　梦想形成的五个阶段

一、梦想早规划，人生早受益

孩子梦想形成的五个阶段往往和接受启蒙教育的早晚有关系。有的人在很小的时候就知道自己将来要做什么，有的人到了30多岁还是懵懵懂懂。

根据职场的黄金时间规律，30岁应该是一个人放开手脚大干一场的阶段。可是，30岁的何明还在思考："我想从事什么职业呢？"

何明不喜欢自己现在从事的工作，期望通过不断跳槽和学习来找到自己感兴趣的工作。他参加了很多培训，拿了不少证书，也购买了很多在线课程，学习课程涉猎范围非常宽泛。

每到周末，他都会积极参加各种各样的活动，通过活动结识了不少人，积攒了很多人脉。从他对自己的描述中不难看出，他是一个积极好学、愿意尝试突破的青年人。他认为自己过得忙碌又充实，但对自己想从事什么职业的问题仍然很迷茫。

几年过去了，何明投入了很多时间、精力和金钱，也学习了很多知识，但仍没有什么特别精通和喜欢的专长，这让他非常困惑。他这样问："难道我还不够努力吗？"

何明的困惑也是很多年轻人的困惑。如今生活的节奏太快，何明感觉自己没有时间来深度思考"我是谁""我想去哪里"的问题。

厚积才能薄发。假如孩子在15岁的时候就知道自己将来要做什么，就会在高中和大学为梦想而努力，不断积累知识和经验，走上既专且精的道理。

钟南山院士小时候接受了父亲的耳濡目染，最终转化成了自己坚定的专业选择，并且在医疗领域成为一位专家。

当有的人还在思考"想做什么"的时候，有的人已经在行动的路上走了很久了。

在孩子成长的黄金十年中，孩子经历的点点滴滴都可能成为梦想的基石。每个人都在寻找自己想做的职业，不同的是，有的人早已知道自己想要做什么，有的人还在寻找答案。

孩子一旦拥有梦想，就可以避免很多在成长过程中出现的问题，还可以解决高中选择专业的问题，而且可以充分利用大学四年时间，在自己热爱的领域里学习。

梦想规划有助于孩子梦想的形成。梦想规划得越早，孩子越能享受时间带来的红利，尽早投入实现梦想的行动中，用时间挖出一条又宽又深的人生护城河。

二、梦想的第一个阶段：探索

从孩子的成长规律来看，小学阶段是探索梦想的理想时期。梦想的探索是一个广泛撒网的过程，是梦想漏斗的最前端。孩子可以进行多个方向的尝试，父母可以在旁边认真观察孩子探索的状态，思考这样的问题：孩子是一时兴起，还是为了躲避学习而假装感兴趣？是浅尝辄止，还是兴趣盎然？是三天打鱼，两天晒网，还是专心致志，爱不释手？

教育的黄金十年看似时间充足，但除去孩子的学习时间，其实留给孩子可以探索的时间非常有限。所以，父母如果能及早了解孩子的天赋优势，就可以让孩子节约探索的时间。

美国心理学家加德纳教授提出了多元智能理论，可以帮助父母快速了解孩子的智能天赋。在多元智能理论中，人类的智能是多元的，每个孩子都有专属于自己的智能特点。

加德纳教授指出，智力是在某种社会或文化环境的价值标准下，个体用以解决自己遇到的真正的难题，或生产及创造出有效产品所需要的能力。

每个人至少具备八种智能，这八种智能分别是语言智能、逻辑数学智能、音乐智能、空间智能、身体运动智能、人际关系智能、自省智能、自然智能。不同的人的智能优势存在着差异。表2列出了多元智能的类别和优势。

表2　多元智能的类别和优势

多元智能的类别	智能优势
语言智能	语言智能是指听、说、读、写的能力，拥有语言智能优势的人能够顺利高效地利用语言描述事件，表达思想，与人交流
逻辑数学智能	逻辑数学智能优势是理性逻辑思维较显著的智力体现。拥有逻辑数学智能优势的人往往对代数、几何、物理、化学，乃至其他理科知识有超乎常人的表现，习惯进行理性思考
身体运动智能	身体运动智能通常是指运用四肢和躯干的能力，拥有身体运动智能优势的人往往能够较好地控制自己的身体，能够对事件做出恰当的身体反应，善于利用肢体语言表达自己的思想和情感
空间智能	空间智能通常是指感受、辨别、记忆、改变物体的空间关系，并借此表达思想和情感的能力。拥有空间智能优势的人往往对线条、形状、结构、色彩和空间关系比较敏感，善于通过平面图形和立体造型表达思想和情感，同时对宇宙、时空、维度空间及方向等领域有较深刻的理解。空间智能需要有相当的理性思维能力为依托
音乐智能	音乐智能通常是指感受、辨别、记忆、改编和表达音乐的能力。拥有音乐智能优势的人往往对乐曲的节奏、音准、音色和旋律等有较高的感知力，并能通过作曲、演奏和歌唱等表达音乐
自省智能	自省智能通常是指认识、洞察和反省自身的能力。拥有自省智能优势的人往往能够正确地认识和评价自身的情感、动机、欲望、个性、意志，能够在正确的自我意识和自我评价的基础上形成自尊、自律和自制的品质

续表

多元智能的类别	智能优势
人际关系智能	人际关系智能通常是指与人相处和交往的能力。拥有人际关系智能优势的人往往能够觉察、体验他人的情绪、情感和意图，并据此做出适宜的反应
自然智能	自然智能通常是指认识世界、适应世界的能力。这是一种在自然世界里辨别差异的能力，比如能够辨别植物区系和动物区系，能够辨别地质特征和气候，等等。拥有自然智能优势的人往往深入了解大自然环境的规律，如历史、人体构造、季节变化、方向、磁极等，拥有适应不同环境的生存能力

八种智能的不同组合，形成了人与人之间在学习、社交、兴趣、爱好等各方面的差异，也解答了以下问题：为什么有的孩子擅长理科？为什么有的孩子擅长文科？为什么有的孩子性格外向？为什么有的孩子性格内向？为什么有的孩子做错了事总是会自己找原因，不断改进？

对照上表，父母能深入了解孩子拥有的智能优势，优先选择孩子的三四项智能优势来进行专门培养。

父母也可以仔细观察孩子小时候的明显特征，比如喜欢小动物、喜欢唱歌、喜欢跳舞、喜欢画画、喜欢游戏等特征，来初步了解孩子的智能优势。父母如果在小学阶段就开始探索和挖掘孩子的智能优势，就能让孩子的智能优势变得更加明显。

特别需要提醒的是，家长在小学阶段对孩子智能优势的探索与尝试不宜过多，避免让孩子因过度学习而产生厌学现象。

三、梦想的第二个阶段：聚焦

初中阶段，孩子的学习压力往往比较大，学习节奏变快了，而且时间紧，任务重，孩子同时进入了青春期，生理和心理都在快速成长，还要面临人生的重要分流考试——中考。这一系列情况同时出现，对父母和孩子都是挑战。

孩子如果在小学阶段做好了梦想的探索，就有利于梦想的聚焦，就可以在初中阶段萌生出梦想的大致方向，也能大致知道自己将来想做什么，知道自己努力的大致方向。梦想的萌芽对激发孩子的学习动力、纾解孩子的学习压力有良好的作用。梦想的聚焦有利于孩子集中精力对自己喜欢的专业进行深度探索，为高中选科做好准备。

父母如果在小学阶段已经让孩子尝试了5～6种兴趣爱好方向，在初中阶段就可以开始聚焦其中的2～3种。梦想聚焦相当于做减法，父母和孩子从5～6种兴趣爱好中挑选出2～3种，进行更深入的尝试。

孩子的小提琴艺术等级已经达到了十级，父母可以思考以下问题：

（1）孩子将来上大学是否选择艺术类专业？

（2）孩子是否需要到音乐学院附属中学学习？

（3）孩子是否需要参加各种有影响力的比赛？

孩子热爱游泳，父母可以思考以下问题：

（1）孩子将来是否走专业运动员的道路？

（2）孩子能不能达到省级、国家级运动员的标准？

孩子在小学参加了科技竞赛，父母可以思考以下问题：

（1）孩子在初中是否要参加更高级的竞赛？

（2）孩子是否要参加强基计划等？

小时候玩过家家游戏时，孩子总是喜欢扮演医生的角色，父母可以思考以下问题：

（1）孩子在初中是否多了解一些有关生物方面的知识？

（2）孩子是否需要参加与医生相关的职业体验？

四、梦想的第三个阶段：定向

经过梦想的探索和聚焦两个阶段后，在初三前后，梦想开始定向。孩子越来越清晰地了解自己想做什么，可以为高中阶段学习奠定良好的基础；还可以为高中选科提供参考，选择自己喜欢的学科；在高考志愿填报时，可以胸有成竹地做好专业选择，选择报考自己喜欢的专业；在大学阶段，可以为梦想的实现蓄力加速，为未来的职业做好准备。

有的孩子的梦想是将来从事新媒体工作或设计类工作。按照中国高校设计专业及相关专业的报考要求，高考考生如果准备报考设计类专业，就需要提前通过艺术类考试（通常称为艺术联考），这类考试在高考前一年的12月进行。很多孩子从小就开始学习美术，在高二开始进行专业培训，然后报名参加艺术联考。

小彭在高二还没有想清楚自己将来想做什么，等到高三想报考艺术类专业，希望将来从事新媒体工作或设计类工作，但是一直没有进行艺术联考的准备，结果错过时机，失去了到心仪的大学学习的机会。

小李是上海考生，临近高考时才决定报考医学类专业，上海采用的是新高考制度，他在高一选择学科组合的时候没有选择化学，所以和心仪的医学专业失之交臂。

经过初步探索后，梦想逐渐聚焦，如同穿过漏斗一般，最终定向为精准清晰的目标。清晰的梦想目标也让高中选科组合变得更顺利。在黄金十年的梦想蓄力下，孩子的学习动力会变得越来越强，"为什么学习"的问题就会迎刃而解。在梦想的指引下，在动力的推动下，孩子就能自律自发地学习，高中生的家长就能摆脱不知该如何帮助孩子的无力感，能够有效改善亲子关系，减少青春期的亲子冲突。

五、梦想的第四个阶段：行动

在梦想的指引下，孩子经过紧张的高考，顺利考入大学，会高效地利用大学时光，度过这个对人生职业发展起到承上启下的关键时期。

大学四年大约1460天，假如每天学习8小时，总共11680小时，根据1万小时定律，再加上刻意练习与专注学习，1万小时的专业学习往往可以构建起和其他孩子之间的专业壁垒。

美好的大学时光，也是人生试错成本最低的时期。很多孩子已经在大学期间采取各种行动，比如：有的孩子在大学期间已开始创业，有的孩子专注提升自己的专业技能水平，有的孩子开始了社会实习，有的孩子参加了某些比赛，等等。在大学采取行动的孩子必将收获知识、经验和机会，获得社会考试高分的好机会。孩子只要愿意行动，就相当于赢了别人半步，通过努力就可以享受成功的果实，即使失败了，也能收获经验。

六、梦想的第五个阶段：实现

近年来，就业市场的压力让很多孩子选择考研、考博来提升就业竞争力。

数据显示：2025年全国考研报名人数为388万人，相比2024年的438万人减少了约50万人，相比2023年的474万人减少了约86万人。

从 2015 年起，考研报名人数逐年递增，从 2015 年的 164.9 万人上涨到 2023 年的 474 万人。2024 年，考研报名人数在连续递增 8 年后首次出现了下降趋势。2025 年，考研报名人数连续两年下降。

按照国内孩子的学龄计算，12 年的小学、初中、高中学习，4 年的本科学习，3 年的硕士学习，从小学到硕士总共有 19 年的学习时间。孩子从 6 岁上小学，到硕士毕业时已经 25 岁。

25～35 岁，不仅是一个人的职场黄金期，也是人生黄金期。人们通常会在这个阶段打拼事业，同时结婚生子。

在快速发展的计算机行业，从各大科技公司人员的平均年龄来看，35 岁是非常明显的年龄分水岭。

孩子如果经过了梦想的探索、聚焦、定向，就会在大学阶段知道自己要做什么，就会开始梦想的行动与实现，就会充实地完成 4 年的本科学习和 3 年的硕士学习，或者本科毕业后，积累 3 年左右的社会经验。

人生没有标配，每个人不必按照上述年龄划分来完成自己的人生清单。不过，一个人投入的时间越早，积累的厚度就越大，专业水准就越高，竞争力就越大，就越容易实现人生梦想。

梦想规划可以在家庭教育的黄金十年激发出孩子的动力，让孩子挖出深深的人生护城河，还可以为职场成长的黄金十年提供持续支持，让孩子赢得三次大考。

本书将重点讨论教育黄金十年的小学、初中、高中的梦想规划。

第五章

小学、初中和高中的梦想任务

小学：梦想的探索阶段

在梦想的探索阶段，家长要做加法，要让孩子尽可能接触世界。孩子从出生睁开眼睛的那一刻，就开始好奇地打量这个世界。孩子拥有成年人不具备的强烈的好奇心和探索欲，还拥有天马行空的想象，孩子的梦想还没有被现实世界约束和禁锢。

随着身体的发育，宝宝的好奇心与日俱增，孩子兴致勃勃地探索可触达的世界，舔手指，玩脚趾头，抓树叶，撕纸张，等等。胆大的宝宝还会做一些更加冒险的尝试。

孩提时代是多梦的季节。随着接触面的扩大，孩子的好奇心就会越来越强烈。在小学阶段，孩子时常会冒出奇特的梦想，他们因为有梦想而变得勇敢。家长要在孩子追寻梦想的过程中承担起梦想规划师的职责。

一、如何激发孩子的梦想

如果想让孩子满心欢喜地去做一件事情，最好的方法就是激发他的梦想。搞清楚以下这些问题对激发梦想很有帮助：孩子想要什么？什么时间要？家长该做什么？

1. 明确梦想的需求

有的家长不知道孩子将来想要做什么，没关系，只要从现在开始行动就不晚，从现在开始认真地观察孩子，和孩子讨论，引导孩子思考将来要做什么。

2. 记录梦想

梦想不是虚幻的空中楼阁。家长可以让孩子把自己的梦想写出来，可以尝试让孩子做一本属于自己的"梦想书"，把想考上的大学、将来想从事的职业、自己的兴趣爱好、希望旅游的城市、喜欢的礼物等图片贴上去，做成梦想记录本。

3. 让梦想有时限

有时间要求的梦想会产生紧迫感，紧迫感会让孩子快速行动起来。可以让孩子在"梦想书"中添加一项：实现梦想的时间，填上期望梦想达成的时间，能够帮助孩子逐步形成时间的概念。

4. 让梦想可实现

一旦梦想有了时限，就要考虑达成梦想的可行性。梦想越具体，就越容易实现。如果孩子在"梦想书"上写下想在一年内拥有心爱的电动小汽车玩具，家长该怎么做呢？

找个让大家都感到舒服的角落，父母和孩子一起坐下来讨论如何获得一辆电动小汽车玩具，可以把和小汽车有关的问题都列出来：

（1）小汽车玩具一般多少钱？

（2）怎么才能得到小汽车玩具？

（3）获得一辆小汽车玩具困难吗？

（4）假如电动小汽车玩具价值100元，孩子可以通过哪些方式获得100元钱呢？是拿压岁钱买，还是让爸爸妈妈买，还是自己赚钱买？

（5）若要通过孩子自己赚钱买，有哪些赚钱方式？是做家务赚钱，还是卖东西赚钱？

（6）哪些家务是义务的？哪些家务是付费的？

（7）若要通过卖东西赚钱，该卖什么东西？卖给谁？到哪里去卖？

这一系列问题的提出和探讨，就像剥洋葱一样，一步步引导孩子不断进行思考，延展他的认知。比如孩子说想做卡片，然后通过把卡片卖出去赚钱，假设一张卡片按两元的价格卖出，能净赚1元，就需要卖出100张卡片，才能赚到100元。

家长可以问孩子："一次可以卖多少张卡片？"还可以问孩子："一年大约有52周，可以在哪几周卖卡片？如果去卖卡片，作业能完成吗？"

通过上述一系列问题的探讨，孩子就能大体知道如何获得一辆电动小汽车玩具。在讨论的过程中，孩子能够逐渐理解梦想是要通过计划和努力才能实现的。

一般来说，处在小学阶段的孩子思考问题往往以形象思维为主，孩子会比较直观具体地理解梦想，孩子的梦想往往是心目中的英雄、父母所从事的工作等。

处在小学阶段的孩子已经具有一定的坚持能力，能够克服困难完成任务，即使会担心自己能否做好，也会努力让自己变得顽强勇敢。处在小学阶段的孩子已经具有一定的自制能力，能够约束自己的言行，努力克服自己的缺点，会遵守规则。

小学阶段是教育黄金十年中特别重要的时期，在孩子心目中，家长的权威性、信任度都非常高，这个时期孩子的可塑性也比较高。父母的生活习惯、阅读的书籍、选择的活动都会对孩子产生很大的影响。家长只要用心教育孩子，就容易让孩子形成梦想。

小学阶段是引导孩子探索梦想的最佳时期，可以为初中阶段的梦想聚焦奠定坚实的基础。接下来，一起开启孩子奇妙的梦想之旅吧！

二、八种智能优势的探索

充满智慧的探索会让孩子变得越来越有自信心，毫无章法的探索往往会削弱孩子的好奇心。家长可以根据八种智能优势，依次让孩子进行尝试。

1. 语言智能

如果孩子在语言智能方面占优势，父母就可以让孩子尝试参加读书会、做主持人、演讲、写作、朗诵、话剧表演等方面的活动，还可以参加校内校外相关的社团。

2. 音乐智能

如果孩子在音乐智能方面占优势，父母就可以让孩子尝试学习乐器、唱歌、表演、戏剧、曲艺等，多尝试一些音乐门类，看看孩子在哪个方面更擅长。

3. 空间智能

在空间智能方面占优势的孩子，天生在色彩、构图、空间、动手能力等方面有明显的优势，父母可以让孩子尝试学习绘画、泥塑、编织、拼图、积木、服装设计等。

4. 身体运动智能

在身体运动智能方面占优势的孩子，可以在篮球、足球、羽毛球、乒乓球、跑步、体操、棋类、手工等方面进行尝试。

需要特别提醒的是，具有运动天赋的孩子可以考虑选择高水平运动员的高考路径。根据统计，绝大部分大学会招收高水平运动员。国外大学同样青睐热爱运动的孩子。运动不仅可以让孩子的身体和品格得到锻炼，还能为升学助力，一举多得。

5. 逻辑数学智能

如果孩子在逻辑数学智能方面占优势，父母就可以让孩子尝试在棋类、编程、专项学科、数理游戏、科研等领域探索，也可以读一读推理类书籍。家长可以在生活中把孩子带入有数字计算的场景，比如买菜、算账、玩推理游戏等。

6. 自然智能

在自然智能方面占优势的孩子天生喜欢亲近大自然。家长可以多为孩子创造接触大自然的机会，带孩子去旅游、徒步、爬山、露营；让孩子了解动物的生活习性，比如蚂蚁搬家、蝌蚪的发育变化、蚕宝宝的一生、蚯蚓松土等；也可以让孩子养只猫，或者养只狗，或者养只兔子，让孩子懂得爱护小动物的道理；让孩子种些花草，记录植物的生长情况；让孩子观察天气的变化，思考为什么先看到闪电后听到雷声，为什么季节会更替等问题。

7. 人际关系智能

在人际关系智能方面占优势的孩子往往非常善于和他人交往，家长可以多让孩子参加或组织各类活动。在小学阶段，孩子可以在班级担任班干部，积极参加表演活动，勇敢上台竞选，学习演讲和辩论；在家里，孩子可以组织读书会、家庭会议、春节亲戚聚会或生日聚会，还可以帮助父母接待客人。

8. 自省智能

在自省智能方面占优势的孩子往往喜欢思考和反省。家长可以多和孩子进行交流讨论，甚至辩论，聆听孩子的意见和建议，让孩子广泛阅读各类书籍。家长还可以多带孩子去图书馆、书店、音乐厅、科技馆、博物馆等地方，平时找个安静的地方读书，看各种各样的影视作品，和多个朋友聊聊天。家长还可以和孩子一起看新闻，对新闻进行讨论，听听孩子对世界的想法。

总之，在梦想的探索阶段，家长要多带孩子走出去，看世界，多尝试。

三、如何帮助孩子进行梦想的探索

小时候，孩子的心智发育尚不成熟，孩子的体能、动作精准度、知识积累程度、对世界的认知等尚不成熟，很多时候，孩子想去做和能做到往往是两回事。孩子对梦想探索得越早，家长就要越理解和支持孩子，对孩子的包容度就要越大。

家长做好以下几件事，就能够充分让孩子感受到做事情的成就感和自信。

（1）尊重孩子的好奇心。

（2）找到孩子的兴趣点。

（3）保护孩子在探索中的乐趣。

（4）引导孩子跨出探索的第一步，并让第一步充满乐趣。

（5）逐步放手让孩子去进一步探索。

（6）信任和支持孩子。

在探索梦想的过程中，孩子有可能遇到自己非常喜欢或擅长的事情，也有可能遇到自己不擅长的事情。家长要关注孩子的感受，无论孩子尝试后的结果如何，都要鼓励孩子勇于尝试。当孩子尝试结束后，家长多和孩子沟通尝试的感受，并给予恰当的反馈。

有人说，孩子感受到的自信，是对完成一件具体的事的笃定的相信。放手让孩子尽情探索，就能让孩子获得成就感和自信。

初中：梦想的聚焦阶段

到了初中阶段，也就是梦想的聚焦阶段，家长要学会做减法，逐渐把梦想聚焦在孩子的优势方向上。

一、梦想的方向大致正确，继续努力前行

一个人在一生中真正做好一件事情，就已经很了不起了。如果什么事情都想去做，往往可能什么事情也做不好。初中阶段，做减法就是采取聚焦策略，把精力和资源集中投入在孩子更有优势的方向。

孩子在小学阶段进行广泛探索，暂时还不需要父母做出取舍的抉择。到了初中阶段，家长可以进一步了解孩子的爱好，和孩子一起讨论，在孩子的兴趣清单里选出两三种，继续深度培养这两三种兴趣特长，这就是梦想的聚焦。这意味着父母要和孩子一起做出智慧的选择。

初中阶段，是教育黄金十年中父母影响力开始逐步减弱的阶段，也是孩子从儿童向成人角色转变的过渡时期。孩子的身体在快速发育，第二性征出现，生殖系统迅速发育，大脑和神经也在快速发育，心脏机能也在提升，一系列生理上的变化会给孩子的心理产生一定的影响，孩子往往变得敏感，自尊心变强，并且开始关注自我形象。

二、逐步进入青春期的初中生

初中阶段有两个重要关键词，那就是青春期和中考。初中生的身高在快速增长，从小时候仰视父母逐步变为平视父母，甚至变为俯视父母。身高和体重的增长会给孩子带来力量感，能力和知识也在快速增长，但不足以让孩子的内心变得十分强大。

初中生开始出现强烈的自我意识，这是父母影响力逐步变弱的原因。初中生的内心往往比较很敏感，甚至充满矛盾和动荡。孩子的身体在快速发育，第二性征逐步出现，内心渴望自我独立，但是缺乏自我约束能力，道德观念还没有完全建立。另外，孩子的社会地位、家庭地位仍然处在弱势，无法获得自己想要的父母的认可和社会的认可。

上述种种矛盾让初中阶段的孩子变得容易冲动。在体能上，孩子甚至可以和成年人抗衡；但是在心理素质上，孩子对法律法规的敬畏心不足，缺乏约束力。

生孩子较晚的家庭，孩子进入了青春期，妈妈有可能进入了更年期。一个是青春期的孩子，另一个是更年期的妈妈，能否顺利度过初中阶段，就需要爸爸做好家庭的定海神针。

三、平衡好学习和梦想的关系

初中生面临着中考的学习压力。如何平衡好学习和梦想的关系呢？

初中阶段还是孩子学习和发展社会化行为的重要时期。什么是社会化呢？每个人都在社会中生活，都需要和各种各样的人打交道，都需要进行社会交往。一个人说话的尺度、人情往来、上下级相处、同事交往等，都属于社会化的范畴。孩子通过与他人的交往，不断地学习社会认可的道德准则、风俗习惯和人情世故等，这样才能更好地适应社会，这是孩子从家庭走向社会的过程。简单来说，初中阶段是孩子为将来进入社会做好准备的重要阶段，需要学习社会规范，拥有将来融入社会的能力。家长还需要抽出时间来培养孩子的社会属性，这样就让家长的规划显得尤为重要。家长要给予孩子科学的引导，让孩子把内心的需求转化为积极的力量，从而产生令人惊喜的效果。

初中阶段，时间紧，任务重，孩子有自己的想法，父母如何高效、高质量地帮助孩子聚焦梦想呢？

四、如何让梦想聚焦

1. 列出梦想清单

父母可以把孩子在梦想探索阶段做过的尝试详细列一个清单，比如钢琴、演讲、篮球、足球、徒步、画画、唱歌等等，全部列出来，然后按照多元智能进行归类，然后和孩子认真讨论对每项探索的兴趣度和坚持度，具体见表3。

表3　梦想清单

多元智能	探索类别	孩子的兴趣度和坚持度
语言智能		
逻辑数学智能		
身体运动智能		
空间智能		
音乐智能		
自省智能		

续表

多元智能	探索类别	孩子的兴趣度和坚持度
人际关系智能		
自然智能		

处在青春期的孩子特别期望父母能够把自己当作成人对待，尊重孩子是亲子沟通得以顺利展开的重要前提。征得孩子的同意后，找一个安静又舒适的角落，就可以开始和孩子讨论梦想清单。

2. 优化梦想清单

一起讨论完毕后，大家共同商量选出两三项孩子特别愿意坚持的项目。考虑到孩子将来还有可能遇到自己喜欢的项目，可以为尝试新项目预留出时间。

3. 列出梦想行动计划

将孩子的梦想清单优化之后，初中阶段的梦想目标就得以聚焦了。接下来，家长可以进一步和孩子商量，确定孩子是否真的喜欢这些选出的项目，得到确认后，可以一起列出梦想行动计划。

4. 加强生活技能和工作技能的锻炼

在梦想的聚焦阶段，家长可以同步开展孩子的社会化训练。家长可以根据教育部发布的《义务教育劳动课程标准（2022年版）》来安排相关的劳动任务，这样既符合孩子的身心发展规律，又符合学校的安排。

孩子的梦想是与社会发展密切关联的。初中阶段，家长要让孩子加强与社会、职业、专业的联结，将梦想形成的动力转化为学习的动力，为高中阶段梦想的定向做铺垫。

家长可以问孩子以下问题，促使孩子去思考将来的职业生涯问题。

（1）社会的角色有哪些？

（2）爸爸妈妈从事什么样的工作？

（3）爸爸妈妈的工资有多少高？工资水平的高低和什么因素相关？

（4）孩子将来希望做什么样的工作？

（5）孩子喜欢的工作对学历、能力有什么要求？

…………

针对以上这一系列问题，孩子可以通过进行社会实践、体验职业岗位、拜访不同行业的朋友等方式去寻找答案。只有在真实场景下的职业体验，才能让孩子感同身受地了解真实的社会，建立职业认知。

例如，交警不仅穿着帅气的制服指挥交通，还要面对三伏天的酷暑和三九天的严寒，还要和各种各样的人打交道。

快递小哥并非送送外卖就能赚到钱，还要面对各种各样的客户，每天的体力消耗比较大，有时会被客户无理投诉。

游戏主播并不是打打游戏就能生活得很好，很多主播生活在贫困线上。

程序员往往需要和团队一起合作才能完成软件设计任务，有可能工作时间很长。

总之，道理说一百遍，不如孩子去体验一遍。孩子可以去体验不同的职业，拜访不同的朋友，通过真实的场景，让孩子对爱好、职业、职场逐步建立具体的概念。

初中阶段是教育黄金十年中给孩子做好职业规划的奠基时期，为高中储备足够的学习动力。梦想越强烈，动力就越强。

高中：梦想的定向阶段

一、越来越难以影响的高中生

经过青春萌动的初中阶段，孩子将会进入心智逐渐成熟的高中阶段。高中是选择大学和专业的重要节点，孩子需要思考将来学习什么专业、从事什么工作等人生问题。

高中阶段也是孩子的生长发育逐渐接近成人的时期，自我意识变得更加强烈。比起初中阶段，高中阶段的孩子积累了更广博的知识，体格变得更加高大，拥有了更强的力量感，同时希望拥有更多的话语权。

高中生思考问题的方式正在从经验型向基础理论型转换，逻辑思维能力越来越强，开始用批判性的眼光来评价周围的事物，并且有自己独到的见解。和父母讨论问题时，高中生特别希望得到父母实质性、专业性的建议，而不仅仅是简单的安慰和生活上的照顾。

他们开始思考关于人生和理想的问题，会对生活中不合理的现象感到困惑和迷茫，还会有无能为力的苦恼和沮丧。他们对社会不是特别了解，但又以为自己足够了解；他们想寻找自己的价值，但又不知道该如何寻找。

到了高中，父母对孩子的影响力往往变得越来越小，父母在孩子心中的权威感越来越低。面对身心日趋成熟、充满力量感的孩子，父母往往会觉得力不从心，变得小心翼翼，缩手缩脚。

有的高中生父母既担心孩子的学习不够理想，又担心孩子出现心理问题；想通过讲道理的方式教育孩子，又发现孩子不爱听说教，自己也说不过孩子；想通过武力的方式来强迫孩子听话，但孩子长得人高马大，武力强迫的办法行不通。

父母如果到了高中才开始和孩子谈将来的规划，在前期亲子关系没有铺垫好的情况下，就容易陷入"打又打不过，说又说不赢"的僵局。

孩子不管有没有自己的想法，到了高中，都需要做出影响人生发展的重要选择——选什么样的大学，学什么样的专业，以后从事什么工作。

很多高中学校已经开设了生涯规划课程，目的就是帮助孩子找到自己擅长的、喜欢的、热爱的方向。尽管如此，仍有少部分孩子进入大学后，才发现自己对所选的专业兴趣不大或并不擅长。

二、因高考选错专业而付出时间成本

2011年，周浩从北京大学退学，转到北京市工业技师学院学习，这一举动诠释了他对热爱的坚持。当初周浩在父母和老师的建议下，报考了北京大学生命科学专业。周浩在北大学习了一年多，校园里浓厚的学习氛围并没有让他喜欢上生命科学专业，反而让他感到痛苦，对未来变得非常迷茫。他觉得自己不喜欢搞学术，也搞不了科研，但是生命科学系的很多学生将来会读研究生，这不是他想走的路。

越来越迷茫的周浩不知道自己的出路在哪里，失去了学习的兴趣和目标，曾经的学霸变得不爱学习了。大二时，他决定休学一年去深圳打工，希望通过在社会上的摸爬滚打，让自己心甘情愿、安安心心地重回北大学习。

周浩在深圳闯荡了一年，他当过电话接线员，做过流水线工人，没有一技之长，又不擅长交际，他感受到了在社会打拼的艰辛。

周浩以为自己在社会上碰壁之后会乖乖回到北大继续学习，但是，当他问自己到底还愿不愿意回到北大学习，答案依然是否定的。

他再次回到北大校园，努力尝试做一些改变，比如转专业。他申请转院到工科院，但因为没有达到转院的要求而失败了。他无法转院，又无法转专业，连旁听也解决不了问题，最终选择了转校。几经波折，热爱并没有被现实打败，他最终选择了自己的热爱，转入了北京市工业技师学院。

在北大就读是多少人的梦想，周浩为什么考上了北大却不开心呢？其实周浩的梦想和爱好在小时候就已经显现出来了。他喜欢动手拆卸零件，他心目中的学校是北京航空航天大学。

当了解到孩子在北大的痛苦经历后，周浩的妈妈很震惊，她从来没想到儿子在人人向往的北大竟然过得如此痛苦和压抑。

很多人都会遇到世俗的成功和自己的热爱相冲突的问题，到底该何去何从，是妥协还是改变，每个人的选择都不一样。当周浩面临这道选择题时，他说，如果一个人一辈子都要做自己不喜欢的事，那么他的一生就毁了。最终，周浩选择了热爱。

2011年，他终于实现了梦想，从北大转到了北京工业技师学院。他走了一条少有人走的路，他不但做到了，还丝毫不后悔，很庆幸。

看看周浩在选择了自己热爱的专业后，产生了多大的力量。他在北京工业技师学院取得了优异的成绩，毕业后选择留校任教。2014年，周浩凭借高超的技艺，在第六届全国数控技能大赛上夺得冠军。2018年，周浩在首届全国技工院校教师职业能力大赛中获得一等奖。

"汝之蜜糖，彼之砒霜。"追随自己的内心，选择自己想要的人生，不一定要选择追求最好的，而要选择自己喜欢的、适合自己的。

三、梦想定向有利于职业发展

周浩的故事让很多父母开始思考，到底是要求孩子遵循世俗的成功标准，还是允许孩子选择自己喜欢的专业。

在就业市场中，每年都有一部分大学生在思考要不要选择和自己所学专业相关的职业，有的大学生会选择和自己所学专业相关的职业，有的大学生并没有这样选择。选择并没有对错，如果能够选择自己既喜欢又擅长的事情，那么人生的幸福指数往往会很高。

高中阶段是家长和孩子深入思考如何定向梦想的阶段，这样可以避免盲目的选择带来的时间损耗。

高中生在体格和自我意识方面快速发展，慢慢形成了具有自我特质的道德意识和社会性认知，三观基本形成。高中生的梦想会慢慢涌现出来，变得越来越明确。

父母如果在孩子高中时期才开始和孩子讨论未来，就有可能面临以下情况：

（1）孩子因为缺失梦想探索和聚焦的环节，不知道将来要做什么工作。

（2）孩子处在青春期时，亲子关系不融洽，孩子不愿意和父母讨论自己的梦想。

（3）孩子把自己考分最高的学科当成自己喜欢的学科。

（4）父母根据自己有限的认知，对孩子提出建议。

如果父母已经帮助孩子完成了梦想的探索和聚焦，接下来就可以对梦想进行定向，具体如下：

（1）根据孩子想从事的职业方向，了解市面上相关职业的具体专业要求。

（2）查找目标大学对应的专业，了解新高考模式下的学科组合选择。

（3）分析家庭的经济状况，在满足孩子的兴趣和家庭经济状况之间找到平衡点。

（4）和孩子沟通收集到的信息，确定选择学科方向。

在家庭教育的黄金十年里，父母可以帮助孩子在高中顺利完成梦想的定向，选择好匹配的大学和专业，心无旁骛地向目标前进，去迎接高考和社会的考验。

如何帮助孩子对梦想定向

许多教育专家对教育目的进行过深层次的思考，提出了多种理论和见解，比如全人思维、精英教育、快乐教育等。多种流派，多种理论，不一而足。无论教育专家如何看待教育，家长都要根据自己的家庭情况来选择适合孩子的教育方式。大家都希望借助教育来帮助孩子提升就业质量。

当"宇宙的尽头是考公"这句话火爆全网时，很多家长在孩子专业选择和就业方向的问题上变得更加谨慎。

一位理工大学硕士生，曾经以第一作者的身份在国际科技杂志上发表过论文，选择回家做了公务员；一位北大博士生，报考了北京朝阳区城市管理执法岗位。此类新闻引起了家长们对孩子就业前景的深思。

一、消失的专业和职业

家庭教育规划包含教育规划、升学规划、能力规划、职业规划等内容，目的就是让孩子对所选的专业、目标大学、将来从事的工作、未来的生活建立直观的印象，从而做出适当的选择。其中的职业规划就是帮助孩子建立正确又匹配的职业观念。

有的家长担心职业规划会限制孩子发展的可能性，这是对职业规划的误解。简单来说，职业规划是为了帮助孩子寻找到自己热爱的、有能力去做的、符合社会发展趋势的工作而开展的系列教育过程。

随着科技的发展，有的工作岗位会逐步消失，比如打字员、电话接线员、照片冲洗员等，同时会涌现出许多新的岗位，新出现的岗位需要相应的专业背景和工作技能。

国家会根据社会的变化，调整大学的专业设置。教育部2023年4月公布了《2022年普通高等学校本科专业备案和审批结果》，从中可以看到专业调整的变化。

> 统计数据显示，此次专业增设、撤销、调整共涉及2800余个专业布点，占目前专业布点总数的4.5%。从学科门类看，工学所涉专业数量最多，有1074个；从区域布局看，涉及中西部高校的专业有1503个，占比超过50%。经过调整，本科专业类型结构和区域布局结构进一步优化，高校主动服务经济社会发展的意识和能力进一步增强。
>
> ....
>
> 教育部要求，在专业设置和调整中，高校要主动服务国家战略、区域经济社会和产业发展需要，设置符合办学定位和办学特色的专业，还要重视质量、优化结构，升级改造传统专业，加快培养紧缺人才。

由此可以看出，高校专业的增设、撤销、调整，既是国家战略需求的体现，又是对经济社会发展升级的响应。经济社会发展发生变化，会带来产业布局的变化，从而让企业用人的需求也发生变化，高校会做出相应的专业调整。作为培养人才的最小单位——家庭，也要做出相应的变化，才能让孩子跟上时代的步伐。自身的成长与社会的发展相一致的孩子，往往能成为社会的栋梁。

二、为未来的职业做好准备

了解了梦想的五个阶段后，家长要让孩子为未来的职业做好准备。需要注意的是，当下某些炙手可热的专业并不一定适合自己的孩子。

在一次人工智能的职业体验后，小杨同学告诉妈妈："我不想学习人工智能专业。"妈妈大吃一惊，这意味着前期所选择的大学和专业都需要重新调整，但同时妈妈感到很庆幸，幸好现在就知道孩子不喜欢人工智能专业，如果进入大学才发现孩子不喜欢所选的专业，就会浪费很多时间和精力。

妈妈问小杨为什么不喜欢人工智能专业，小杨说："我以前不知道学了人工智能专业将来要做什么具体工作，当看到程序员坐在电脑面前，不停地写着代码，每天很少和人说话，我觉得这样的工作太压抑了。我想做和人打交道的工作，希望每天都能够接触新的东西，而不是总坐在工位上闷头敲代码。"

相比之下，初中生小潘同学就幸福得多。暑假爸爸带她到法庭听审，她听得津津有味。看她对法庭如此感兴趣，爸爸又让她参加律师事务所的职业体验，看看律师们都在忙什么。

从律所回来，小潘告诉爸爸，她期望以后能够从事与法律相关的工作，她对即将面对的高中专业选科也有了自己的想法。

孩子如果对将来做什么工作没有概念，就可以从职业体验开始；孩子如果不知道未来想做什么工作，就可以从职业体验排除法开始。

根据我们在一所初中进行的职业体验来看，对应孩子的八种多元智能，家长可以利用周末或假期带孩子参加表 4 列出的多种类别的职业体验。

表4 多种类别的职业体验

序号	职业体验分类	体验参考类型	对应的多元智能
1	工业制造	大学实验室、生产制造工厂、科技馆等	逻辑数学智能、身体运动智能、空间智能
2	人工智能	大学实验室、人工智能公司、科技馆等	逻辑数学智能、身体运动智能、空间智能
3	医药医学	医院、医药生产公司、中科院研究所、人体博物馆等	逻辑数学智能、身体运动智能
4	金融	银行、基金公司、期货公司、证券公司、财经类院校等	逻辑数学智能、语言智能、身体运动智能
5	大数据	大学数据研究院、大数据行业协会、数据公司等	逻辑数学智能
6	生活服务或食品加工	生活服务类：咖啡厅、图书馆、书店、4S店、超市、酒店、律师事务所、农场、种业基地等 食品加工类：牛奶、饮料、粮油、肉食、茶叶等工厂	自然智能、人际关系智能、语言智能
7	环保	垃圾分类站、废水处理厂、环境检测实验室、大学实验室等	自然智能
8	共享经济	共享办公、在线经济、共享单车等	逻辑数学智能、人际关系智能、语言智能
9	其他	直播、游戏主播、文创、整理、设计等	音乐智能、空间智能、人际关系智能、语言智能、逻辑数学智能

三、体验是最好的成长

家长尽可能多让孩子去参与各类职业体验。根据孩子的年龄，可以从志愿者、接待员开始，慢慢参与到相应的项目中去，比如助理、行政人力、设计开发、销售客服、商业调研等，逐级参与职业体验会对孩子的职业规划非常有帮助。

每次参加完职业体验后，家长要和孩子沟通职业体验的感受，把孩子不喜欢的职业剔除出来。孩子如果不能确定自己不喜欢的职业，那么可以再次体验来确定，最终保留孩子相对喜欢的职业，再进行深度的探索。

家长可以让孩子从小学四年级开始进行职业体验，先体验和生活息息相关的行业，比如生活服务类或食品加工类等；上初中以后，开始逐步转向专业类的职业体验；到了高中，可以选择和专业相关的职业体验，孩子如果喜欢理工科专业，就可以选择大数据类、工业制造类、医学类、研究院类等方面的职业体验，喜欢文科的孩子可以选择文创、设计、法律、金融等方面的职业体验。

四、良好的体验从准备开始

孩子是否喜欢某种职业和自己的体验感有关。作为孩子的梦想规划师，家长要策划好每一场职业体验，同时在孩子参加职业体验的过程中，要关注孩子对以下方面的感受：

（1）工作环境。

（2）工作内容。

（3）团队合作模式。

（4）能力要求。

（5）从业人员的素质。

为了梦想定向要思考的三个问题

孩子参加职业体验的感受和思考非常重要。家长不要让孩子的职业体验流于表面,而要引导孩子进行深度思考。家长可以向孩子提出以下三个问题,引导孩子进行深度思考。

一、我想做什么?

这个问题包含了职业的诸多要素,比如这项工作需要什么样的性格,孩子对这项工作有没有兴趣,这项工作属于哪类行业,公司秉持的价值观和用人理念,等等。

孩子如果喜欢和人打交道,性格很活跃,那么通常适合从事市场销售、客户服务、教育培训、企业管理等方面的工作,有可能对财务、科研等方面的工作不太感兴趣。如果孩子喜欢挑战创新型工作,那么快节奏的城市、创新型的公司也许比较适合孩子。

二、我能做什么?

这个问题包含了职业对从业人员的多种要求,比如需要具备的知识、技能、经验、人脉等。这个问题的答案藏在各个招聘网站的招聘广告里。可以打开招聘网站,把大公司、小公司对相关岗位的招聘广告看一遍，就能了解到职业对学历、经验、能力的要求，然后一一对照，看看孩子还缺少哪一项，匹配程度有多高。

三、未来需要什么样的人才？

这个问题包含了国家对未来产业发展的需求、对人才的需求等内容，还包括家庭资源等要素。

要想了解未来真正需要什么样的人才，就要去了解国家针对未来发展的政策。父母的眼界也很重要，家长要多关注社会的发展，深入了解社会的变化，提早为孩子的未来做好各种准备。国家制定的历次五年规划都清晰地指出了相应时期的经济社会发展目标，家长可以根据孩子的天赋优势来思考孩子未来的发展方向。

一个人热爱工作，不仅仅是与工作本身的性质有关，还和其他因素有关，比如工作环境（在什么样的环境中工作）、合作伙伴（和谁一起干）、工作技能（需要具备什么样的能力）、团队合作等。

孩子可以多参加职业体验，进一步了解相关职业的具体情况，看一看真实的工作环境，才能更好地做出选择。

教育的黄金十年是孩子梦想形成的关键十年，囊括了梦想的探索与聚焦两个关键时期，对梦想的定向有着重要的影响。教育的过程环环相扣，完成好每一个环节的任务，然后顺利过渡到下一个环节。所谓水到渠成，就是踏踏实实地做好每个阶段的教育，自然就能得到想要的结果。

第六章

性格好的孩子
生活更幸福

性格对孩子产生的影响

教育的目的到底是培养一个学霸，还是培养一个能够健康生活的孩子？这是父母需要权衡的问题。只有能够健康生活的孩子才能赢得人生的考验。教育的初心应回归到关注孩子本身上来。"应该培养出什么样的孩子？"不同的父母面对这个问题往往会有不同的答案。

一、培养孩子的三个层次

无论家庭对孩子有多少期望，对于以下这三个层次，相信很多父母都会认同。

第一层：孩子能够在社会上生存。

第二层：孩子的身心很健康。

第三层：孩子有能力过上幸福生活且身心健康。

培养能够在社会上生存的孩子已经不容易了，后两个层次更难。

2021年3月，中国科学院心理研究所发布了《中国国民心理健康发展报告（2019—2020）》，该报告显示，2020年中国青少年的抑郁检出率为24.6%，其中，重度抑郁检出率为7.4%，抑郁症成为当前青少年健康成长的一大威胁。

以上数字让人触目惊心，每5个孩子中就将近有1个孩子患有抑郁症，而且抑郁年龄有向低龄段孩子蔓延的趋势。父母需要反思是什么造成了如此高的抑郁率。

孩子和家庭的相处模式在很早就形成了。一个幸福的孩子往往是早年间家庭经营的结果。无论生活有多少困难和挫折，孩子都能向阳而生。

有的孩子长大后显露出坚强、勇敢、自信、包容的性格，有的孩子显露出讨好、隐忍、敏感、自卑、情绪化的性格，这往往和孩子的童年经历有关。

二、逆境的突围

这是中央电视台《感动中国》2021年度人物江梦南的颁奖词：

你觉得，你和我们一样，我们觉得，是的，但你又那么不同寻常。从无声里突围，你心中有嘹亮的号角。新时代里，你有更坚定的方向。先飞的鸟，一定想飞得更远。迟开的你，也鲜花般怒放。

颁奖词中展露的勃勃生机和坚韧不拔的品质让人们看到了生命的顽强，顽强的江梦南经受住了生活给予她的考验。

从小几乎完全丧失听力的江梦南，在父母的帮助下，通过读唇语学会了"听"和"说"，不仅没有失学，而且从偏远的乡镇考出来，直到考上了清华大学的博士。

世界上有很多出生在起跑线以外的孩子，但其中有的孩子能够在逆境中突围，活出精彩的人生，功不可没的就是父母。江梦南也是一个出生在起跑线以外的孩子，她也拥有异常努力的父母。奇迹来自她的家庭教育，她不仅走出了人生低谷，还登上了高峰。

江梦南说："我从来没有因为自己听不见，就把自己看成了一个弱者。我相信自己不会比别人差，我也相信事情可以做得很好。"

勇气往往比黄金更珍贵。江梦南不肯向命运低头的勇气来自父母的坚持，身为教师的父母奋力为孩子推开了一扇窗。

江梦南在半岁时，因为意外，左耳听力受损，右耳听力完全丧失，被诊断为极重度的神经性耳聋。

她的父母没有听天由命，相反，他们咬着牙陪着孩子一起前行。为了让孩子听得懂，他们会抱着她坐在镜子前，让她观察别人和自己说话的口型，进行发音模仿，并一遍遍地纠错。每学一个字，可能要念一万遍，学习某些字的发音需要很多遍反馈，才能练成肌肉记忆。

难以想象，在无声的世界里，她的父母是如何通过海量的重复与练习教她学会读唇语的。父母咬牙坚持的背后是一份期望孩子能够过上正常生活的梦想。

父母把坚韧不拔的品格传递给了她。江梦南说："父母安慰我，告诉我，听不见是既定的事实，与其怨天尤人，还不如用自己最大的努力去克服它。"

后来，到了入学年龄，江梦南屡次被拒绝入学，终于有一所小学同意她去上学。几乎丧失听力的江梦南，最终以优异的成绩考上了吉林大学的本科、硕士，考上了清华大学生命与科学学院的生物信息学博士，主攻肿瘤免疫和机器学习。

没有被苦难击溃的人，就会变得更强大。因为经历了无声世界带来的辛酸苦楚，在整个求学的过程中，江梦南一直想要去帮助更多的人。她从小就立志成为一名救死扶伤的医生，因此，报考大学时，她选择了药学领域的专业。

正是强大的内驱力,让她在低谷中不断攀登,最终到达许多正常人都难以企及的高峰。一面是梦想带来的外部动力,一面是性格形成的内部动力,双动力系统让陷入无声世界的江梦南最终成就了坚强的自己,并且实现了自己的梦想。

三、用一生的努力整合童年形成的性格

心理学家荣格说,一个人终其一生的努力,都是在整合他在童年时期就已形成的性格。

家长要想帮助孩子建立强大的动力系统,就需要培养孩子积极的性格和坚韧不拔的品质,让孩子面对困境时仍然努力向上,给点儿阳光就灿烂,抓住小草就能努力攀登。

家长要想帮助孩子塑造积极的性格,就需要了解性格是如何一点点融进孩子的骨血里的。父母一句不经意的话语,或者一个鼓励的举动,或者一次无意之中的夸奖,甚至一个善意的谎言,都是在潜移默化中塑造着孩子。

也许家长早就遗忘了那些微不足道的话语或举动,但正是家长某一句表扬或鼓励的话语或某一个温暖的举动,被孩子刻骨铭心地记在了心中,而且会深远地影响着孩子的未来。

性格是什么？

性格决定思维，思维决定行为，行为决定命运。可是，性格到底是什么呢？通常来说，性格是一个人对现实的稳定态度，以及在与这种态度相应的习惯化的行为方式中表现出来的人格特征。

性格并非一成不变。一个人的性格发生剧烈的变化，往往是在遭遇了生活中的挫折之后，比如事业的挫折、情感的挫折等等，而这些挫折往往是我们不希望遇到的。

性格与气质不同，性格更多地体现了一个人的社会属性。面对同一件事情时，不同的人会产生不同的心理反应和态度，还会出现不同的生理表现，最终转化为相应的行为。

以参加考试为例，拥有不同性格的孩子面对考试时会有不同的反应。

一、性格是关键时刻的定心丸

2020年，新冠疫情改变了学校教学的模式，学校纷纷用网课替代教室授课。网课对很多孩子来说意味着挑战，尤其是对于即将面临中考或高考等重要考试的孩子们。

2020年3月31日，教育部宣布2020年的高考延期到7月进行。当听到高考延期的消息后，学生们陆陆续续返回学校领取学习资料，高三学生更是恨不得把所有的教科书、练习册都带回家。

回家途中，刘婷忍不住蹲在学校拐角处哭了起来，爸爸不知道如何劝慰孩子，只好站在孩子面前，帮她挡住来来往往的行人好奇的目光。刘婷当时只有一个想法："考上理想的'985'院校的希望更渺茫了。"

从 2020 年 12 月到次年高考的那段日子里，刘婷的学校课程几经变化，一会儿线下上课，一会儿线上上课，让刘婷不知道该如何进行调整。

学校的老师们也面临着空前的挑战，原本擅长线下授课，突然转为线上授课，到底该如何抓住屏幕前学生的注意力，如何提高授课效率，这是老师们努力摸索的课题。

家长们面对这突如其来的变化，更感到有力无处使，在学习上帮不上多少忙，只能做好后勤保障工作。

学生们感到非常无奈，无论是心理上，还是学习模式上，都面临着全新的挑战。在剩下不到半年的时间里，学生们要适应授课方式的新变化，都感觉到了压力。

这种突如其来的变化是机会还是灾难？拥有不同性格的人会有不同的看法。

刘婷之所以担心上网课会让自己考上"985"院校的希望变得渺茫，是因为在寒假上网课的经历。没上网课前，她的成绩一直都排在班级前 15 名，按照考试位次来看，考上"985"院校是非常有把握的事情。

网课结束后第一次摸底考，刘婷大吃一惊，成绩掉到了全市 10000 名以后，最擅长的数学也从平时 140 分以上掉到了 90 多分，这意味着考上心仪的"985"院校的可能性变得很小。

排名下降让她感到了巨大的压力，在随后的线下课时间里，她奋起直追，好不容易又考回了原来的名次，可是考砸了的体验让她心有余悸，她再也不想经历了。

刘婷习惯线下听课，当课上遇到不懂的问题时，她会直接去办公室向老师请教。在家备考时，她发现自己无法像在学校时那样把大部分精力集中在学习上。

学习环境的空间秩序被打乱了。首先，她的日常起居习惯改变了；其次，她和父母长时间近距离相处，父母时不时过问她的学习进度；再次，父母做饭的香味、时不时端来的水果和牛奶，都会让她分神，她为此困扰了很长时间。

当听到又要在家上网课的时候，她的心里顿时涌上焦虑感，额头和手心开始出汗，手指不自主地轻微抖了起来。她害怕自己又会回到寒假网课时的状态，内心的恐惧让她蹲在角落里大哭起来。

二、积极的孩子运气都挺好

同样是面临疫情，那些感染病毒进入方舱医院的高三学生遇到的困难更多。尽管没有安静的环境，没有照顾周到的饮食，身处方舱的他们依然坚持努力学习。

2020年，一位17岁的高三女生在方舱医院积极备战高考。不管方舱医院的人员是在看热播的电视剧，还是在跟着护士跳广场舞，还是躺在床上刷着手机，她都能安静地坐在小书桌旁，边看平板电脑，边在笔记本上书写着英文单词，一旁的桌面上摆满了备战高考的书籍资料。在如此嘈杂的情况下，她能用强大的自制力管理着自己，杜绝外部的干扰。根据湖北省发布的2020普通高考成绩，她妈妈称她"比平时考得稍好一些"。

三、不同性格的孩子会有不同的收获

经过 2020 年网课后的摸底考试，有的孩子成绩上升了，有的孩子成绩持平，有的孩子成绩下降了。超长假期带来的成绩变化，考验着孩子的性格和应变能力。

网课期间，孩子长期不在学校，没有了学校的约束，不同家长的教育方式各有不同，不同孩子的性格和行为方式也有所不同，最终得到了不同的结果。

是坚持努力还是放任自流，是网课期间孩子面临的选择题，拥有不同性格的孩子会做出不同的选择，最终会有不同的收获。

随着孩子年龄的增长，黄金十年的性格教育产生的影响会越来越大。

人有哪些性格？

关于培养孩子什么样的性格，很多家长都能说出自己心目中理想的性格。以下词语都曾经被很多家长反复提及过：外向、善良、开朗、活泼、好动、轻松、愉快、热情、亲和、豁达、稳重、幽默、真诚、豪爽、耿直、成熟、独立等。家长是否了解自己孩子的性格呢？家长需要根据孩子的性格来选择适当的教育方式。

一、DISC 性格测评

"DISC"四个字母分别代表四种基本性格，来源于美国心理学家威廉·莫尔顿·马斯顿博士在 1928 年出版的著作 *Emotions of Normal People*（《正常人的情绪》）。

和其他性格测评不同的是，许多心理学的起源是通过研究病例形成的理论，马斯顿博士是研究人类行为的著名学者，他研究的是由内而外的人类正常的情绪反应，后来的学者将这个理论发展为测评，也就是大家所熟知的 DISC 性格测评。

我们通常把 DISC 性格测评用在面试、后备人才选拔、组建新团队等领域，通过测评来了解候选人的行为方式、人际关系、工作绩效、团队合作、领导风格等方面情况，以便找到最适合的优秀人才。

二、性格考点

性格是孩子将来要接受的社会大考和人生大考中的重要考点，会对孩子的事业和婚姻家庭关系产生巨大的影响。接下来，让我们一起来学习性格考点。

"DISC"分别代表四种基本性格。根据是关注事情还是关注结果，做事情是主动还是被动，是外向还是内向等数个维度，把性格分为四种基本类型，分别是支配型（D型）、影响型（I型）、稳健型（S型）、服从型（C型），针对不同性格的激励策略如图10所示。

主动、外向、直接

支配型（D型）	影响型（I型）
鼓励点：给予具有挑战性的任务，保持工作新鲜度	鼓励点：给予认可，多给予精神上的鼓励
激励点：提供自由度，给予权力、适当的物质奖励及发展机会	激励点：对其成就给予荣誉，提供友好的工作环境和与人互动的工作

理性 —————————————————— 感性

服从型（C型）	稳健型（S型）
鼓励点：提供明确的工作目标和要求	鼓励点：提供稳定、熟悉的工作环境
激励点：给予井然有序、相对稳定、变化相对少的工作环境，给予安全感	激励点：对其忠诚度给予认可，给予安全感

被动、内向、间接

图10 针对不同性格的激励策略

三、四种基础性格

人的性格往往由上述四种基础性格组成，不同的性格组合会形成多种多样的性格。人们在不同的情况下往往会表现出不同的性格。

例如，一位干练的职场女性从事管理工作，她还是一位妈妈。她性格中的支配型（D型）往往比较明显，工作时呈现出果敢干练的特征。

回到家里，面对孩子或者家人的时候，有经验的妈妈就会自动切换性格。为了让家人感到舒服，她会把性格从支配型（D型）自动切换到稳健型（S型）。像这样上得厅堂，下得厨房的妈妈，在家庭和职场分别显示了不同的性格，能如鱼得水地兼顾家庭和工作。

DISC性格不仅有多种组合，还包含高低不同的分值，分值过高或过低往往容易出现偏激的情况。按照DISC性格测评的结果来看（见表5），四种性格从分值低到分值高共有96个形容词。

表5　DISC性格测评描述词表

支配型（D型）性格	影响型（I型）性格	稳健型（S型）性格	服从型（C型）性格
1. 自我怀疑	1. 抑郁孤僻	1. 鲁莽冲动	1. 顽固不化
2. 谨小慎微	2. 怀疑悲观	2. 急躁不安	2. 公然违抗
3. 易受控制	3. 自我防卫	3. 积极主动	3. 毫无章法
4. 拘谨内敛	4. 手足无措	4. 行为易变	4. 自以为是
5. 缺乏信心	5. 胆小腼腆	5. 坐立不安	5. 缺乏策略
6. 自制被动	6. 亦步亦趋	6. 警觉警惕	6. 敢于挑战
7. 安静平和	7. 实事求是	7. 创新求变	7. 粗枝大叶
8. 内向保守	8. 不苟言笑	8. 乐观其成	8. 坚持己见
9. 谦恭有礼	9. 独处一隅	9. 心思活络	9. 随心所欲
10. 理性客观	10. 不善言辞	10. 外向活跃	10. 自有主张
11. 深思熟虑	11. 若即若离	11. 自然惬意	11. 不拘小节
12. 精于计算	12. 泰然自若	12. 友善可亲	12. 独立自主

续表

支配型（D型）性格	影响型（I型）性格	稳健型（S型）性格	服从型（C型）性格
13. 独立自主	13. 和蔼可亲	13. 自得其乐	13. 流程导向
14. 敏捷迅速	14. 优雅大方	14. 平静安详	14. 关注细节
15. 勇于挑战	15. 自信自然	15. 稳健安定	15. 较高标准
16. 自信满满	16. 轻易信赖	16. 含蓄稳重	16. 善于分析
17. 身先士卒	17. 善于社交	17. 合作无间	17. 有条不紊
18. 争先恐后	18. 乐观开朗	18. 乐于跟随	18. 内敛敏感
19. 严格要求	19. 自我激励	19. 前后一致	19. 系统逻辑
20. 敢于冒险	20. 深具影响	20. 安于现状	20. 细致完备
21. 勇敢果断	21. 热情奔放	21. 有始有终	21. 固守成规
22. 直截了当	22. 情感流露	22. 忠诚可靠	22. 追求完美
23. 强硬独断	23. 冲动盲目	23. 一成不变	23. 逃避推诿
24. 自我中心	24. 感情用事	24. 被动消极	24. 吹毛求疵

上面我们提到的职场女强人妈妈，如果支配型（D型）性格分值超出了正常区间，往往就会变得过于以自我为中心或独断专行，会让周边合作的人员非常不舒服。

在家庭中，如果父母双方的性格都是支配型（D型），都很要强，就容易经常发生冲突，甚至针锋相对，互不相让。

在支配型（D型）性格分值较高的妈妈面前，孩子往往会变得不自信，失去了自我表达的机会。孩子如果也具有支配型（D型）性格，往往会采取正面抵触的态度，就容易和妈妈发生语言冲突或肢体冲突。孩子如果具有稳健型（S型）性格，就容易采取消极抵触的态度，或者采用阳奉阴违的方式，或者采取忍耐的方式来面对父母的管教，时间久了，亲子关系会变得冷漠。

家长如果能够深入了解孩子的性格，就能了解孩子的心态和习惯，找到发生家庭教育冲突的原因。

四、不同性格的具体特征

拥有不同性格的孩子会有哪些特征呢？

1. 支配型（D型）性格

具有支配型性格的孩子往往具有强烈的自信心，重视成效，有领导的欲望，争强好胜，喜欢变革，勇敢，直率，坦白。

期望的事：喜欢挑战新的事物。

喜欢说的话：我可以。

期望的教育：期望父母给予自己更多的机会去尝试，期望父母给予自己更多的决定权。

讨厌的事：父母不允许自己独立做事，父母把什么事都安排好。

2. 影响型（I型）性格

具有影响型性格的孩子渴望被认可和接纳，能言善辩，容易情绪化，喜欢率性而为，以人际关系为导向，乐观，爱玩，喜欢参与团队活动，社交能力很强，擅长交朋友。

期望的事：喜欢和团队一起工作。

喜欢说的话：我喜欢。

期望的教育：期望父母在精神上认可自己。

影响型性格分值过高的孩子不容易静下心来思考，需要经过父母慢慢训练，逐渐变得安静。

3.稳健型（S型）性格

具有稳健型性格的孩子比较务实，具有团队精神，稳定忠诚，乐于助人，态度谦卑，喜欢熟悉的环境。

期望的事：期望别人欣赏自己。

喜欢说的话：随便。

期望的教育：期望父母欣赏自己。

这类孩子往往乖巧安静，会照顾朋友的感受，喜欢稳定的环境，不喜欢父母随意变换想法。稳健型性格分值过高的孩子往往会喜欢待在家里，父母要多鼓励孩子经常出去走走，多和朋友交往。

4.服从型（C型）性格

具有服从型性格的孩子善于分析问题，注意细节，做事时注重方法，自制力强，警觉性高，直觉性高，谨守高标准。

总在思考：为什么要做这件事？

喜欢说的话：为什么？

期望的教育：期望父母明确约定规则。

这类孩子特别喜欢刨根问底，对学习、规则、细节等要求都比较高，喜欢安静独处。只要父母清晰地告诉孩子责、权、利的范围和做事规则，这类孩子往往会高质量地完成任务。考完试之后，这类孩子喜欢反省自己为什么没有考好。

这类孩子尤其信服专家的话，学习型家长才能赢得这类孩子的认同。

父母了解了DISC性格的具体特征，对照DISC性格表，针对不同性格的孩子进行相应的激励，就能取得理想的效果。

为什么说"三岁看老"?

中国传统文化有很多经过实践积淀下来的智慧,"三岁看老"就是其中一种。可是,凭什么说根据三岁就能预测长大以后的情况呢?难道在漫长的成长过程中,学习知识、提升自我修养都不能改变孩子的性格吗?这会不会让我们落入宿命论的窠臼呢?

一、科学家认同"三岁看老"吗?

为了搞清楚 3 岁在人的一生中究竟能起着多大的作用,许多科学家进行了跟踪研究。1980 年,英国伦敦精神病研究所教授卡斯比和伦敦国王学院的精神病学家们,也对性格开展了相关研究,结果印证了"3 岁看老"的说法。

卡斯比教授对 1000 名 3 岁幼儿进行了面试,根据面试结果,这些幼儿被分为充满自信、适应良好、沉默寡言、自我约束和坐立不安等五个大类。

23 年后,当这些孩子长到 26 岁时,研究小组再次对他们进行了跟踪面谈,同时还走访了和他们密切相关的人,来了解调研者的情况,包括父母、亲戚及好朋友等,进行了全面的调研。

历经 23 年后,孩子们的性格发生了什么变化呢?卡斯比教授的调研结果显示,当年被认为分别属于上述五种性格类型的孩子,长大后的性格也和小时候基本一样。

通过观察3岁幼童的言行，人们往往可以预示他们成年后的性格。这一长期跟踪的报告为"三岁看老"的说法提供了强有力的证据。

卡斯比教授指出，父母和幼儿园老师务必认真对待小孩子的所作所为。当然，他也承认，一个人的性格到成年后又发生改变的情况的确存在，父母的抚育和教育方式，以及社会环境的变化对一个人的性格都会产生一定的影响。

二、教育的黄金十年覆盖孩子性格形成的关键期

教育的黄金十年正好覆盖了孩子性格形成的关键期。如何培养孩子面对逆境或者顺境时都能一往无前的积极品格，是父母需要关注的重要课题。

性格的形成包含遗传的因素，也包含环境影响的因素。3岁前的性格是孩子体现出来的第一性格特征，是孩子性格的主要底色。

我们可以把3岁前的孩子看成本来的我，简称"本我"。当一个人面对开心喜悦或压力挑战时，"本我"总会在不经意中迸发出来。

随着年龄的增长，知识、环境、家庭教育、朋友，以及社会性角色的变换、社会道德的约束、承担不同的责权利等诸多因素，会让人慢慢学会掩盖"本我"的性格，成为"自己想成为的我"，简称"自我"。

江山易改，本性难移。孩子小时候，是家长帮助孩子奠定未来人生的底色基调的重要时期。底色调得好，在上面画画就能变得容易多了。

如何培养面对三次大考的性格

性格没有好坏之分，就如爱情和婚姻一样，适合才是最好的。在面对不同的人、工作、事情时，性格匹配对了就会如鱼得水，匹配错了则度日如年。

一个人的性格由多种性格类型组合而成，只不过有的性格特征很明显，有的性格特征不明显。随着年龄的增长，一个人需要具备社会属性，需要根据自己的社会角色展现出相对应的性格，比如要尊重父母，要包容爱人，要接纳孩子，要服从上级，要理解朋友，等等。

一、不同的场景需要不同的性格

不同公司的优秀管理者往往具有适应不同场景、不同人员的性格，通常具备支配型（D型）和影响型（I型）中的任意一种，同时具备稳健型（S型）、服从型（C型）中的任意一种。不同的性格类型组合会呈现出不同的处理事情的风格。

例如，一位管理者具有支配型（D型）与服从型（C型）的性格组合，往往会呈现出关注结果、喜欢用数据说话、喜欢挑战、喜欢创新、注重管控细节的特征。如果在狼性管理风格的公司工作，拥有这种性格组合的人往往会快速得到赏识；如果在温和稳定的公司工作，这类人往往就会显得格格不入。

在职场中容易获得青睐的性格，不一定适用于家庭关系中。谈起亲子关系，张爸爸非常头痛。他在职场发展得顺风顺水，也非常热爱自己的小家。他认为，无论自己的事业有多成功，家庭幸福和谐才是最重要的。这样美好的想法却在现实问题中碰壁。

从他描述和孩子的冲突中，从他不苟言笑的脸上，从他不断提问的行为表现来看，我初步判断他的性格是典型的支配型（D型）与服从型（C型）的性格组合。当他把性格测评结果告知咨询师时，结果果然不出我的意料。

他在家庭中是地道的严父，对孩子经过辛苦努力才获得的成绩视为理所应当，平时对孩子高标准严要求，说一不二，强势的性格让已经进入青春期的孩子很难接受。这种强势性格带来的结果就是家里三天两头便爆发一场亲子冲突。

在DISC性格的96种组合描述中，父母都不期望孩子处于表5中四种性格的两端，比如以自我为中心、感情用事、抑郁孤僻、顽固不化等，而勇敢、果断、敢于冒险、乐观开朗、忠诚可靠、善于分析等，才是父母期望孩子具备的性格特征。

在未来，家长如果期望孩子能够快速融入社会，获得更多的发展机会，就要注重培养孩子的多种性格，以适应未来不同社会角色的需要，做好爱人、父母、上下级等角色。

二、18岁前最好培养孩子两种性格

孩子的第一性格往往是与生俱来的。在孩子18岁以前，家长可以培养孩子的第二种或第三种性格，让孩子能从容面对不同的社会场景。

如果父母期望孩子未来从事管理工作，那么孩子最好具备支配型

（D型）性格和影响型（I型）性格中的任意一种。

如果父母期望孩子能够快速融入社会，影响型（I型）性格就显得很有必要。

如果父母期望孩子稳重，有思想，善于反思自省，孩子就需要具备稳健型（S型）性格。

如果父母期望孩子很暖心，那么服从型（C型）性格必不可少。

如此一看，四种性格缺一不可，父母可以考虑在孩子第一性格的基础上，尽可能地培养其他补充性格。

性格的培养并不容易，而且培养方案并不唯一。教育的目标需要父母持久的行动才能达成。

我们问过很多家长："你想培养什么样的孩子？"很多家长都回答："自信的孩子。"接下来我们问："请问怎么培养自信的孩子？"有的家长就不知道该如何回答了。有的家长回答："多鼓励，多支持。"该如何鼓励孩子呢？如何支持孩子呢？才能让孩子变得自信呢？

孩子之间的教育差别，就在家长对这一系列问题的回答中形成了。家长在教育上的能力、知识、经验、技巧、尺度等各方面的差别，往往导致了孩子之间不同的分化。

把目标落到实际的行动上，才是有效的教育。家长不仅要思考应该培养孩子哪些性格，还要思考如何落实到具体的行动上，通过生活中的点滴小事来培养孩子的性格。

第七章

让孩子变得强大的
五种性格

灾难是性格的试金石

性格的形成是个复杂而漫长的过程，由很多因素交叉影响而成。通常来看，孩子的性格主要由遗传、家庭、学校、社会环境和孩子的自我意识觉醒共同形成的。

性格形成的关键时期是在生命的早期，尤其是6岁之前。0～6岁时，孩子生活环境相对简单，家庭教育对孩子性格的形成起到至关重要的作用。

遗传因素往往很难改变，影响孩子性格形成的其他因素包括家庭、学校、社会环境和孩子的自我意识觉醒等，往往可以通过各方努力而改变。

父母总是期望把好的东西传承给孩子，包括为人处世的态度、生活的技能、成长的秘诀、优渥的财富等。在日常生活中，孩子在不知不觉中传承了父母良好的性格，形成了健康的人格。

美好的童年可以让孩子幸福一生，不美好的童年需要孩子一生来治愈，从小养成的好性格会让孩子受益一生。

前几年，新冠疫情打乱了人们的生活节奏。有一个13岁的男孩，成为许多家长心目中的"宝藏男孩"。很多家长纷纷表示，期望自己的孩子也能像这个男孩那样勇敢独立。

当时父母因为疫情留在上海，男孩独自一人在苏州生活。谁也没有想到，没有父母在身边照顾，孩子一个人乐观独立地生活了66天。

妈妈说，孩子以前连烧水都不会，她原来以为孩子没有照顾自己的能力。疫情刚刚开始的时候，父母会给他点外卖，会通过视频教他做一些简单的饭菜。后来，孩子完全能够独立解决生活问题，有时候吃外卖，有时候自己做饭，掌握的技能越来越多。

孩子正在上初中，在无人照料的 66 天里，他不仅要照顾好自己，还要按照学校安排上网课，完成繁重的作业，还要照顾家里的猫和狗。在没有帮手的情况下，他不但让自己吃好喝好，还把宠物们养胖了，除了给宠物们喂饭，还给它们洗澡、换尿兜，照顾得非常周到。

等到父母回到家里，尽管家里有些凌乱，但妈妈心里非常欣慰。

妈妈在接受采访时，不断重复一句话："他比我想象中要坚强、乐观多了！"

独自生活两个多月，对成年人来说都是一种挑战。有的孩子突然没有了父母监督的日子，往往会像脱缰的野马一样，沉溺于各种诱惑，彻底地放纵自己。这个男孩却能够积极乐观地面对突发的困难，独立又自律地管理好自己，活成了"别人家的孩子"。13 岁的男孩能够独立乐观地面对生活困难，是受益于 13 岁之前的性格养成。

心理学家研究发现，在生命的早期，情感的发育就已经开始。即使是几个月大的婴儿，当抚养人离开，也会出现负面的情绪反应，有陌生人靠近时，会警觉或者恐惧。

如果婴儿最初的情感需求得到了充分的满足，就能获得安全感，就能形成友好、和善的亲社会性格，反之，就会形成焦躁、惊恐不安、敌对、怪异的性格。

父母从小关注孩子的性格养成，让孩子获得好的情感滋养，是孩子形成良好人格和健康心理的前提条件。

关键时期的养育

在教育的黄金十年中，父母要多关注孩子性格的培养，孩子如果拥有了良好的性格，就更愿意接纳父母的意见，就更有利于形成良好的亲子关系，就能轻松度过青春期。

养育孩子包括两个方面，一方面是"养"，另一方面是"育"。"养"偏重于孩子的身体发育，一般是指让孩子吃好喝好，别生病。现代社会，物质生活非常丰富，满足孩子的吃穿用度已经不是问题，"育"的作用就凸显出来了。父母期望孩子幸福安康，品行端正，内心富足，举止有度，心理健康，就需要在"育"上花费更多的精力，就需要更关注孩子内心的需求。

"育"的重要性远远大于"养"。"有匪君子，如切如磋，如琢如磨。"要想培养孩子坚毅、自信、独立等良好的品格，就需要让孩子经受切磋和雕琢打磨。

在教育的黄金十年中，父母要有意识地让孩子接受更多的磨砺，形成坚强、独立、自信、乐观等性格。

抗挫力：活着比什么都重要

衡量一个人的生存能力，不仅要看他能够攀登多高的顶峰，还要看他跌到谷底以后有多强的抗挫力。

人的一生总会面临顺境和逆境。身处逆境时，有的人可以用强大的自信心和顽强的毅力摆脱逆境，在困难中积累经验和打磨性格，会变得越挫越勇，最终绝地反击，但也有人止步在逆境时。

是绝地反击还是就此沉沦？这取决于孩子的抗挫力的高低。孩子面对逆境时的处理方式，几乎可以决定孩子的命运。

一个人的胸襟和气度往往是被委屈撑大的。只有坚强走出逆境的人，才能扩展生活的高度和广度。

一、一位高才生的结局

有一位高才生，本科毕业于浙江大学，硕士毕业于南加利福尼亚大学，硕士毕业后留在美国发展，30岁刚出头，就被美国公司签约，成为高级软件工程师，年薪几十万美金。

就是这样一个前途无限的年轻人，却在38岁时，忽然从公司总部高楼一跃而下，自杀身亡，令所有人震惊。

他是一个非常努力的人，不仅积极完成分内的工作，还经常分担同组成员的任务。然而努力付出并没有得到相应的回报，当时他所在小组负责的项目出现了问题，作为小组领导者，他面临着绩效考核不达标，甚至会被开除的困境。

为了能够继续留在公司工作，在符合公司规定的前提下，他申请到另一个愿意接受他的项目组。然而他的申请被上司拒绝了，上司承诺只要坚持一个月，就保证给他一个更好的工作评级。最终，他被调入了更差的项目组，调整意味着失业就在旦夕之间。

根据美国相关规定，没有"绿卡"，仅持有工作签证，若在被开除后60天内找不到新雇主，就必须离开美国。38岁的他，面对人生前所未有的逆境，最终选择了离开这个世界。

这个年轻人赢了升学考试，也赢了社会考试，最终没有越过人生路上遇到的障碍，止步在人生的考验之前，让人为之惋惜。

二、突破困境的邱怀德

经历了人生波折的邱怀德，最终突破了困境，从拄拐少年变成帅气俊朗的小伙子，成就了自己的人生。

他出生在农民家庭，从小父母离异，14岁时出现了走路不对称的症状，随后双手开始不受控制地颤抖。

医院查不出病因，无法给出解决方案。为了查清自己的病，邱怀德决心报考医学院校。第一次高考能考上厦门大学的他，坚持复读一年，终于在第二年考入南京医科大学。

大学期间，他的病情进一步恶化，严重的时候，连步子都迈不开，只能靠同学搀扶。尽管如此，邱怀德的成绩仍一直保持在年级前列，连年获得奖学金，后来成功保研。

后来经过治疗和康复，他的身体渐渐恢复正常，他开始攻读博士学位，为当上一名优秀的医生而不断努力，逐渐将人生走出一条上扬线。

这个世界并不完美，人生之路并不平坦。抗挫力能让孩子拥有像弹簧一样的韧性，能适应生活的波折，走上波峰时不张扬，落入低谷时不放弃。

父母要从小培养孩子的抗挫力，让孩子更有韧性。一个人拥有了抗挫力，就像人生开了外挂，能在逆境中涅槃重生，不断进步。挫折力是父母送给孩子的重要的性格礼物。

三、如何培养孩子的抗挫力

1. 舍得放手

拉萨地区的山上很难见到高高的灌木丛，能够活下来的植物往往都有一些共同的特征，都是紧贴地面生长，植株不高，却很粗壮。这些植物只有把根深深地扎进土里，让自己具有很强的抗风、抗寒、抗旱的能力，才能存活下来。

世界这么大，人生那么长，谁都不可能永远处在父母的呵护中。如果父母一直把孩子养在无菌的环境中，孩子一旦走出无菌房，就很容易感染病菌。挫折是生活的一部分，父母如果为孩子创造一个没有挫折的生长环境，往往就会让孩子丧失抗挫力。

抗挫力是孩子经历各种各样的困难后逐渐拥有的能力。要想让孩子具备抗挫力，就要让孩子走入真实的生活中，去勇敢地面对挫折。

孩子小时候，难免会和其他小朋友因为抢玩具而打闹推搡，体格弱小的孩子难免会处于劣势。看到自己的孩子受欺负，父母心里自然会生气难过，这是人之常情。

此时，家长要控制住自己想帮助孩子解决问题的念头，看看孩子是如何面对不利局面的。如果孩子向家长求助，家长可以鼓励孩子自己想办法，让孩子思考一下如何解决问题。如果孩子实在没有办法解决，家长就要告诉孩子如何解决，鼓励孩子勇敢地面对问题。

家长要像老鹰那样，逼着小鹰飞出鸟巢，最终小鹰才能学会飞翔，而不要像老母鸡那样，把孩子紧紧地护在自己的翅膀下面。要想养废一个孩子，只要让他从小不受一点儿委屈和挫折就可以了。

无论孩子做出什么样的选择，家长都要坚定地站在孩子身边，让孩子有勇敢面对挑战的力量。

2. 不谈得失，要谈收获

失败是成长的阶梯。每当遇到失败时，家长都要和孩子一起坦然面对，孩子就能正视失败，学会从一次次失败中站起来。每一次从失败中站起，孩子的抗挫力都会增加一些，就如同与高手过招一样，只有经常被打的人才知道下一次如何躲避凌厉的攻势。

考试也是孩子提升抗挫力的重要训练方式。常胜将军可以收获自信，成绩有波动的孩子可以收获抗挫力。考试后家长和孩子一起坐下来做一次复盘，不谈为什么没有考好，而是谈问题出现在哪里，下次如何改进。

久而久之，再次面对逆境时，孩子的抗挫思维就会自动地弹出来，孩子就能逐渐学会理性地思考如何解决问题，而不是脑袋一热，选择过激的行为。

根据生物进化论的原则，物竞天择，适者生存，生长在恶劣环境中的动植物，在一次次风霜雨雪的磨砺下，学会了自我进化和迭代，生存能力更强。

坚韧不拔：实现梦想的毅力

如果说抗挫力能帮助孩子突破困境，那么坚韧不拔的毅力则能帮助孩子实现梦想。在学习或工作中，有时需要拼天赋，更多的时候拼的是坚韧不拔的毅力。坚韧不拔就是一个人经历过命运的跌宕起伏，依然对梦想充满向往的那股劲头。

坚韧不拔的解释是一个人在遭遇身体上或精神上的困难或压力时，信念坚定，意志顽强，不可动摇，具有坚持而不放弃的忍受力、坚强的耐受力、勇气和后劲。

"坚"是指坚固的东西，一件物品越坚固，抗压能力往往就越大。一个人的决心越大，遇到阻力时，继续勇往直前的可能性就越大，实现目标的可能性就越大。

"韧"是指一个人在面临压力或者阻力时，快速恢复到最初形态的能力。韧性越大，遇到压力或者阻力时，自我修复的能力就越强；韧性越小，被外界压力压垮的可能性就越大。

人生就像下棋，开局的前四步可能都差不多，可是接下来的下法就会产生多种变化。棋局的结果取决于棋手下法的变化。

很多人可能在 50 步之内势均力敌，接下来就会产生分化，心态是棋局产生分化的主要原因。面对步步紧逼的局势，是冷静理智地应对，还是气急败坏地乱下一通，这对每个人来说都是考验。命运就像一个神奇的大脑，无论棋局被弄乱多少次，它都能神奇地复刻下来，重新布局。

落子无悔，是下棋的规矩。要想下好自己的棋，不仅要走一步，看三步，还要全盘布局，筹谋全局。前面的棋下错了，要想翻盘，必然要付出比常人更多的努力。只有坚韧不拔的人，才能顺利坚持走到终局。

一、一个普通人的逆袭

每一次逆袭的背后，都有一颗坚韧不拔的心。2019 年，华为从全世界招收天才少年的消息引起了广泛的关注。在华为公布的录取名单中，多位天才少年的名字和他们所在的本科院校及博士院校同时被公布。有一位天才少年和其他人出现了不一样的地方。大部分天才少年的本科院校都是中国"双一流""985"大学，只有张霁来自一所非常普通的学校。从非常普通的大学生到成为华为天才少年，张霁是如何实现逆袭的呢？

"90 后"的张霁家境普通，从小学到高考，没有任何迹象显示他有什么天赋异禀的特质。和很多普通孩子一样，他的学习成绩处于班级中上游的水平。他第一次高考失利了，经过复读，最终考上了武昌理工学院。

也许两次高考的经历给了他很大的触动，进入大学后，他决定反击，而且定下了要考研、考博的目标。要想逆袭读博，没有天赋的加持，只能靠毅力来实现。他几乎放弃了自己所有的玩乐时间，活动轨迹是教室、图书馆、寝室三点一线，专注学习。

凭借这股韧劲，他成功考上了武汉邮电科学研究院的研究生，又考入华中科技大学读博士。最终，他在众多博士中脱颖而出，成为华为天才计划中的一员。

张霁曾说过，自己不是天才，只是付出了比别人更多的努力而已。天资普通，就要付出比他人更多的努力，通过坚韧的努力去实现自己的理想。

二、做好每件小事的逆袭

电视剧《士兵突击》中，高城连长对许三多有过一段描述："他做每件小事就好像抓住一根救命稻草一样，到最后，你才发现，他抱住的已经是参天大树了。"

许三多，一个憨厚的农村孩子，遭遇了命运的一次次打磨，连踢正步都比别人笨，不断地被失败打击，一次次忍受着痛苦的磨炼，最终从一个普通士兵成长为优秀的特种兵。

如果孩子没有过人的天赋，家庭经济情况比较普通，家长期望孩子能过上幸福的生活，那么，坚韧不拔的品格就是理想的配置。

三、如何培养孩子坚韧不拔的品格

要想让孩子具备坚韧不拔的品格，父母可以通过以下方式来实现：

1. 参加体育锻炼

体育心理学研究表明，体育运动对人的心理活动所起的作用非常明显。有针对性的运动，不仅能使体格变得更健壮，还能有效调节情绪，让意志变得更坚强。

体育比赛对孩子的抗挫力、坚韧度都提出了比较高的要求，毕竟能够在比赛最终胜出的人寥寥无几，一次次失败打磨着孩子的心性，韧性就在打磨中悄然而生。

2. 建立清晰合理的目标

目标感具有强大的推动力，目标越明确具体，孩子的内驱力就越大，动力就越强。张霁在大学树立的目标，让他有了逆袭的行动。

目标设置得是否合理直接影响着孩子执行力的高低。《谁说未来不可见》一书中谈到了设置合理目标的三个有效步骤：首先，将目标聚焦，目标太多就如同没有目标；其次，用SMART原则设置目标；最后，和孩子共同设置目标。其中SMART原则包括五个要素：Specific（目标要具体）、Measurable（目标可衡量）、Attainable（目标是可行的）、Relevant（阶段目标与整体目标相关联）和Time-bound（目标是有完成时限的）。

让孩子共同参与目标设置，会增加孩子对目标的认同感。家长可以从孩子小时候开始，让孩子参与小目标的设置。参与感既可以让孩子拥有责任意识，也可以让孩子拥有目标管理能力。

大目标的实现都是从小目标的实现开始的。孩子先学会设置小目标，然后实现小目标，达成小目标所产生的成就感就会让孩子坚定实现大目标的决心。

勇敢：无畏地面对困难

如果一定要从所有性格中选出孩子必备的性格，勇敢无疑是必须入选的性格之一。一个勇敢的孩子一定有一颗强大的心，支撑着他无畏地面对世界，去做想做的事，去捍卫坚守的底线，去坚持自己的想法，甚至不在乎困难有多大，不在乎反对的声音有多激烈，对任何事都有自己的判断，决定了就去做，敢于做自己，活成自己想要的样子。

一、孩子的每一次成长都是勇敢的表现

罗曼·罗兰说："世上只有一种英雄主义，那就是在认清生活的真相后，依然热爱生活。"英雄是勇敢的，每个孩子天生都很勇敢，都是英雄，孩子的每一次成长都是勇敢的表现，比如以下这些表现：

（1）跨出人生的第一步。

（2）放开父母扶着自己的手。

（3）走出家门，背着书包走进幼儿园。

（4）敢一个人睡。

（5）孤身一人远赴他乡求学。

（6）喜欢一个人，敢大声地说出来。

（7）即使弱小，也敢冲上去帮助保护别人。

（8）面对别人不合理的要求，敢于拒绝。

（9）做错事情后，能够承担后果，并想办法挽回损失。

（10）被人欺骗后，仍然信任他人。

（11）没有考好，心情很沮丧，会擦干眼泪，收拾心情再次笑出来。

……

孩子们远比我们想象的勇敢，勇敢就像黑暗中的一道光，引领孩子前行。当孩子在走入黑巷子时，父母要成为孩子的"护光使者"，要帮助孩子找到出来的路。

二、如何让孩子变得勇敢

父母可以采用以下方法来让孩子变得勇敢。

1. 为孩子塑造勇敢的榜样

父母是孩子的榜样。父母勇敢，孩子也能变得勇敢。有的家长认为小婴儿还小，什么都不懂，但心理学家告诉我们，新生儿具有极强的模仿能力。刚出生2～3周的婴儿能够面对面模仿出成年人所做的面部表情，包括伸舌头、张大嘴和嘟嘟嘴等。

宝宝不仅会当面即时模仿父母，还会延迟模仿，这种方式展示了婴儿强大的记忆力。

9个月大的婴儿观看实验员摆弄一个玩具，实验员展现出婴儿从没见过的某个动作；24小时后再来到实验室，宝宝拿着玩具成功地模仿出了实验员的这个新动作。

14个月的婴儿更厉害了，能够延迟模仿一系列多个动作，并且中间延迟的时间是1周。心理学家改进实验方法后发现，即使是6个月的小宝宝，也能延迟24小时模仿动作。

孩子的记忆力和模仿能力实在太厉害了，孩子会悄悄地复制父母的行为，在潜移默化中进行模仿。

仔细回想孩子小时候的行为，是不是能找到孩子模仿父母的蛛丝马迹呢？

家长如果期望孩子勇敢地去尝试新事物，或者期望孩子勇敢地面对自己犯的错误，或者期望孩子面对困难不要退缩，就要让自己先做到这些。

"原件"优秀，"复印件"才优秀。所以，当好"原件"很重要。

2. 多鼓励孩子

孩子的每一次成长都值得家长的鼓励。当孩子试着松开妈妈的手，摇摇晃晃地跨出第一步，很快就跌坐在地上，屁股的疼痛让孩子抬起头看向妈妈，妈妈的反应将决定孩子是该放声大哭，还是勇敢地继续走下去，跨出第二步、第三步。

如果妈妈及时抱住孩子，亲吻孩子，开心地为孩子鼓掌，那么孩子的心中就会萌生勇气，不再害怕摔跤带来的疼痛。

国外某电视节目设计了视觉悬崖环境挑战的游戏，让3个月大的宝宝和妈妈处在视觉悬崖的两边，看看宝宝在妈妈不同回应下会做出什么反应。

所谓视觉悬崖环境，就是把孩子放在钢化玻璃板上，在右侧紧贴玻璃板处放一方格布，看上去如同平地一样，左侧的方格布放置在离玻璃板一米多深处。从宝宝的视角来看，就好像在平地上出现了悬崖一样，这个游戏主要是观察宝宝在父母的鼓励之下，面对困难时是否敢于爬向左侧。

有趣的测试开始了，第一组测试要求妈妈没有任何表情地看向宝宝，看看宝宝会做出什么样的反应。

在爬向妈妈的过程中，宝宝发现了"危险的悬崖"，不知道该怎么办的宝宝停了下来，看着妈妈，此时妈妈面无表情地回应着宝宝，宝宝犹豫了一会儿，不敢向前。过了一会儿，宝宝选择原路返回。游戏中的另外一个宝宝也出现了原路返回的情况。

第二组测试是要求妈妈尽可能鼓励宝宝爬过来。

有两个宝宝再一次开始勇敢地通过"悬崖"之旅，这次，当宝宝们面对"危险"，抬头看向对面的妈妈时，妈妈们都流露出了微笑，叫着宝宝的名字，招手让宝宝们过去。

让人惊讶的事情发生了，宝宝们再次看到了"悬崖"，但在看到妈妈们的笑容和举动后，却没有丝毫犹豫地朝着妈妈们爬去。

父母带有鼓励性的回应，能让孩子克服内心的恐惧，变得更加勇敢。每个勇敢宝宝的背后，必然站着善于鼓励的父母。

3. 允许孩子不勇敢

孩子是在一次次磨炼中逐渐变得勇敢，在此之前，难免会害怕或者胆怯。在人多的场合，孩子们突然见到一群陌生人，有的孩子会害怕得哭起来，有的孩子会紧紧地抱住爸爸妈妈的腿，不肯撒手，有的孩子还会往爸妈身后躲。

当孩子第一次去幼儿园时，分离恐惧对幼小的孩子来说是巨大的考验，孩子有可能大哭大闹，甚至第二天也不想去。这都是正常的表现，谁不曾是个宝宝呢？

站在孩子的角度试想一下，孩子面对陌生的环境和陌生的人，担心爸妈不要自己了，孩子的内心肯定会有恐惧感。父母要允许孩子不勇敢，这样孩子才能逐渐变得勇敢起来。

父母不要嘲笑或指责孩子,不要这样说:"你怎么这么胆小呢?别的孩子都好好的,你怎么就不行呢?"这样的话对培养孩子勇敢的品质毫无用处。

家长要站在孩子的角度去理解孩子,允许孩子这次不和别人打招呼,允许孩子大哭。家长可以对孩子讲:"这是爸爸妈妈的活动,你可以在旁边看一看有什么好玩的。"

孩子一旦有了多次社交经验,熟悉了环境,对老师们有所了解,就能够慢慢熟悉陌生的环境和陌生的人,就能从中交上朋友,就能在学校找到乐趣,自然就会勇敢主动地去上学了。

家长要用平常心面对孩子的不勇敢,给孩子成长的空间,耐心等待孩子变得越来越勇敢。

独立：孩子走向成熟的标志

孩子的成长是一个逐渐和父母分离的过程，孩子小时候总是不敢放开父母的手，长大以后离开家去外地独自求学，慢慢就学会了独立。

一、孩子成长的制高点——独立

独立是一种人生态度，是孩子走向成熟的标志，是人生真正开始的第一步。判断孩子是否独立的标准是孩子是否具备独立的思想、独立的经济能力和行动能力，是否不再依赖他人。

面对人生的选择题，孩子需要学会倾听别人的建议，但不要被别人左右，知道自己该如何选择。孩子的成长过程注定是父母逐渐放手的过程，真正离不开对方的其实是父母。孩子不是在一天之内就变得独立的，生活中的小事能让孩子变得越来越独立。

二、如何让孩子变得独立

1. 自己的事情自己做

放手说起来容易做起来难，最大的拦路虎是家长因为太爱孩子而舍不得孩子吃一丁点儿苦。小学生的放学路上，我们经常能看到帮孩子背书包的爷爷奶奶或爸爸妈妈。到底是否应该帮孩子背书包，家长们有不同的意见。

有的家长认为，让一个体重只有三四十斤的孩子去背重量是自己体重三分之一的书包，对孩子的体格发育不利；有的家长认为，孩子的事情就应该由孩子自己做。

家长如果觉得孩子的书包重，那么可以把当天在学校用不到的书放在家里。需要强调的是，一定要养成孩子自己背书包的意识和习惯。

另外，独立还体现在其他小事情上，比如洗自己的小衣物、自己挑选第二天要穿的衣服、自己收拾书包、自己扫地、自己照顾小宠物等。

2022年4月，教育部发布了《义务教育劳动课程标准（2022年版）》。其中根据不同学段制定了"整理与收纳""家庭清洁、烹饪、家居美化等日常生活劳动"等学段目标，其目的就是让孩子们变得更加独立。

孩子先独立做好小事，将来就能独立地处理大事。

2. 让孩子学会做选择

根据孩子的年龄大小，家长要适时把选择权还给孩子，不要以"都是为你好"的借口，包办孩子的一切事务。

比如，家长是否可以让孩子自己选择衣服呢？有一种冷叫"妈妈觉得你冷"，关于穿不穿秋裤的事情，家长可以在婴幼儿时期帮孩子穿上秋裤，到孩子长大成人后，有的家长仍然会打电话提醒孩子穿秋裤，这体现了家长浓浓的关爱。

可是，从小没有机会做选择的孩子，长大以后往往很难具备对人生大事做抉择的能力。父母包办的后果往往是让孩子变成"妈宝男""巨婴"。

事事都被大人包办的孩子，在面对上大学、选专业、找工作、谈恋爱、买房子等一系列人生抉择时，往往会习惯性地说"问我妈"。父母陪同孩子找工作面试，孩子往往就会在第一轮面试时被淘汰。结婚后，如果孩子凡事都习惯请示爸妈，那么婚姻往往会存在隐患。

父母尽量让孩子自己选择穿什么衣服，这是为了孩子将来有能力选择幸福的生活。哪怕冬天孩子非要穿裙子，结果被冻感冒了，孩子就能体验到天太冷要穿厚一点儿的生活经验，下一次就知道该如何选择了。

哪怕孩子非要先玩后做作业，结果被老师批评了，他就能逐渐学会合理规划自己的学习时间。

孩子能做的小事越多，就能越独立。梦想的实现最终要靠孩子独立完成，作为孩子的梦想规划师，父母要学会忍得下心，管得住手，这样才能给予孩子独立解决问题的空间。

弹性：让孩子具有强大的生命力

富有弹性和严格遵守规则是两种相互有所冲突的态度，家长需要寻找到两者的平衡点。正如我们在 DISC 性格模型里谈到每种性格的 24 个描述词一样，严格遵守原则在这一端，富有弹性在那一端，如何平衡两者的关系，考验着家长的智慧。

家长一方面期望孩子遵守各种规则，成为守信用、有原则的人；另一方面，又期望孩子灵活判断局势，根据局势灵活处理。连大人都不一定能够掌握好尺度，何况孩子呢？

小时候，孩子往往很难理解遵守规则和弹性执行之间的关系，容易出现判断上的困惑。等到孩子建立了规则意识之后，父母再对孩子进行弹性训练，逐渐让孩子掌握弹性尺度。

一、让孩子学会掌握弹性尺度

古人云："过刚易折，过柔则靡。"万事万物的运行有其特有的规律，规律会随着时间的推移、社会的发展、科技的变革、经济状况的变化、人口数量的变化而发生变化。

一个人要想在瞬息万变的社会中获得长久的发展，就不能因循守旧，就要拥有富有弹性的性格，这样才能适应社会变化。

家庭是最不能讲理的地方。夫妻双方如果有一方喜欢讲原则和道理，即使说赢了对方，也会影响感情，让婚姻的幸福度降低。

无论生活在哪里，孩子都会遇到各式各样的人，都需要和形形色色的人打交道，保持适度的弹性会让孩子处理事务时游刃有余。

保持适度的弹性，就是像弹簧那样能伸能屈。人的心理状态就要像弹簧那样，受力越大，弹性就越大。

胸怀是被委屈撑大的，气度大的人能够接受生活的起起伏伏。像卧薪尝胆、唾面而干、虚怀若谷、礼贤下士等行为，就是由良好的心理弹性撑起来的。

如果一个人走过很远的路，爬过很高的山，吃过很多的苦，那么他的社会经验往往很丰富，心理弹性往往很足，能听得进别人说的话，态度也很谦和。

有弹性并不是圆滑，而是为人处世的宽阔心胸和勇于面对人生低谷的积极态度，是思想、认知、意志、品格、胆识等综合素质的体现。

富有弹性的性格能够提升情绪的承受力。一个人如果能够做到能屈能伸，那么面对委屈、误解、逆境、创伤、悲伤、威胁或其他重大压力时的复原能力就会很强。

在遵守法律、遵循道德、保证安全、保持信用的前提下，家长要让孩子学会灵活地处理事情，保持心理的弹性。心理弹性越强，生存能力就越强。家长平时别让孩子绷得太紧，要让孩子变得收放自如。

二、如何培养孩子的心理弹性

1. 学会放一放

家长需要明白的是，不是所有的事情都有答案，不必逼孩子太紧。

家长要让孩子明白，有时可以将问题搁置一下，也许时间会给出最终的答案。

如果孩子实在做不出题，家长就不要硬逼着孩子一定要做出来才能睡觉，可以让孩子暂时放一放，去听听音乐，出门走一走，玩一会儿，往往就会有不一样的结果。疏堵之间，疏才是长久之计。

2. 幽默面对，没什么大不了

家长要学会放松，可以时不时地和孩子开开玩笑，还可以调侃一下自己。孩子为成绩懊恼时，家长可以说："我也不是学霸啊，只是一直在成为学霸的路上而已。"孩子为同学不理自己而生气，家长可以说："主要是怕你成了太阳，让大家没有光了。"

幽默的父母能够缓解孩子的压力，能够让孩子学会用轻松的态度面对困难。只要孩子能笑对生活，就没有什么事能难倒他。

3. 嚼嚼咽了

即使是小人物也有自己的性格。电视剧《人世间》里，周秉昆说了一句："觉得苦吗？自己嚼嚼咽了！"

有些苦只能自己扛。一个人扛过的苦难越多，心理弹性就会越强。父母陪着孩子面对大大小小的困难，就是在不断提升孩子的心理弹性。父母要让孩子理解生活本身就不容易，受点儿委屈很正常。久经考验之后，孩子的心理弹性就会越来越强。

第八章

让孩子拥有幸福的四种性格

积极乐观的人能发现生活的美好

人生不如意之事常有，没有谁能够没有一丝烦恼地走过整个人生，谁都会遇到一些让自己烦恼的事情，但是乐观的人和悲观的人在遇到同样的事情时的处理方式是截然不同的。

一、积极乐观能让人产生心理免疫力

积极乐观也许是每位家长都期望孩子具备的性格。乐观的孩子阳光开朗，面对生活中的困难、挫折时，能看到美好的一面，对生活充满期待。

儿童心理学家马丁·塞利格曼认为，乐观不仅是一种迷人的性格特征，还有更神奇的功能，它能使人对生活中的许多困难产生心理免疫力。积极乐观的孩子不易患抑郁症，往往能够承受住困难和挫折，也更容易成功，往往比悲观的孩子更健康。

积极乐观的孩子在竞争激烈的升学考试中，能够正确地看待自己的优点和缺点，即使某项学科学习不理想，也能看到自己的强项。当面对班级排名或同学的嘲讽时，积极乐观的孩子仍然能够保持学习的积极性。

无论面对的是中考的压力，还是高考的压力，积极乐观的孩子都能保持坦然和豁达，都能寻找到自己想走的路。

在竞争激烈的社会考试中，积极乐观的孩子无论处于怎样的职场环境，遇到怎样的困难，都能寻找到化解困境的办法。这类孩子往往更容易在职场中获得成就，更容易在生活中感受到幸福和满足。

人生路上，父母都期望孩子会遇到良师益友。遇人不淑是人生的必修课，积极乐观的孩子会把遇到的每个人当作自己历练的良师益友，会把对方扔过的来的石头垫在脚下，成为帮助自己走出泥潭的垫脚石。而悲观的孩子有可能被扔过来的石头砸晕，最后陷入泥潭，无法自拔。

心理学家费斯汀格说过，生活中有 10% 是由发生在我们自己身上的事决定的，而另外的 90% 则是由我们对发生的事做出的反应决定的。

真正影响我们态度的可能并不是那些我们经历的事，而是我们对这些经历的看法或反应。我们一旦做出不同的选择，当然就会有不同的结果。

父母要尽早培养孩子积极乐观的性格，让孩子变得更加豁达和通透，拥有自我净化负面情绪的能力。

二、如何培养孩子积极乐观的性格

1. 成为积极乐观的父母

积极心理学创始人塞利格曼在《教出乐观的孩子》一书中说，孩子的悲观有四个来源：基因、父母的悲观、从父母或老师那里得到的悲观性批评、掌控感和无助感的经历。

外部环境不容易改变，但家庭环境可以改变。父母要为孩子营造一个积极乐观的家庭环境。

在我们许多教育咨询案例中，积极乐观的孩子背后通常站着积极乐观的父母。

父母要多寻找孩子的闪光点，毫不吝啬地表达对孩子的欣赏。即便孩子的考试成绩不理想，父母也要多多鼓励孩子在学习上付出的努力，多多肯定孩子在其他方面获得的进步。

这时，孩子肯定愿意打开心扉，会向父母谈起自己的收获和需要改进的地方。积极乐观的父母和孩子是在双向奔赴，互相成就，能发现彼此身上美好的东西，也能共同面对遇到的困难。

父母在平常谈论新闻事件或表达对他人的意见时，要展现出积极乐观的态度，这样才能在孩子面前树立榜样。

面对不公平的待遇或工作中的困难时，父母要做到不抱怨，不退缩，不回避，积极主动地寻找应对的方法，努力通过改变自己去适应环境的变化，不为自己找借口，这样就能为孩子创造积极乐观的家庭环境。

2. 看见优点

段妈妈有一段时间做了一些改变，她欣喜地发现孩子开始发生变化了。

事情的起因是孩子要选择学校里的特色班，但一直犹豫不决，期望妈妈帮助自己做出最终的选择。段妈妈想让孩子自己做决定，她想到了一个有效的工具。

她让孩子列出一个表，具体见表6。她让孩子在表中分别写出特色班的优点和缺点，让孩子把能想到的都罗列出来，最后看看哪种特色班的优点最多。

表 6 特色班的优点和缺点

优点	缺点

通过梳理，孩子对于如何选择特色班的想法逐渐清晰起来。

事情都有好坏两面，通过对优点和缺点的梳理，孩子逐渐能够学会客观公允地看待事情，也能看到事情美好的方面，一举两得。

通过直观的表格，让孩子自己来评估事情的优缺点，这就是培养积极乐观性格的方法。

有责任担当的人能赢得别人的信赖

电影《长津湖》有一句话让人动容不已："我们这一代把仗打完，下一代就不用打仗了。"

每个人都担任着自己的角色，既是父亲，也是儿子；既是母亲，也是女儿。一代人有一代人的责任，一代人有一代人的担当，如果上代人完成了自己的历史使命，下一代就会轻松许多。

幸福的家庭往往都是相似的，不幸的家庭各有各的不幸。每个角色都有应该承担的责任，都有相应的担当。

父母的责任是尽己所能地照顾、爱护、陪伴孩子，儿女的责任是孝顺、爱护、照顾年迈的父母。父母仁慈，子女孝顺，兄长友爱，弟妹恭敬，这是历代传承的好家风、好家教。

一、责任担当能让人储蓄力量

2022年，电视剧《人世间》持续热播，讲述了普通人家周家三兄妹的成长故事。

周家有三个孩子，周家二老是典型的传统家长，一心一意地爱着孩子们，他们相濡以沫，平淡的生活里流露出浓厚质朴的爱。周父会利用珍贵的假期去贵州看望心爱的女儿，周母会想方设法地把好吃的留给即将回家的孩子。

三兄妹长大后，彼此之间相亲相爱，互相扶持，关爱爱人，爱护孩子。在哥哥姐姐无法照顾家庭的时候，弟弟周秉昆一直在为家庭默默付出，照顾瘫痪昏迷的母亲，虽然遇到了很多困难和委屈，却从来没有抱怨和退缩，而是默默承受，一心一意地照顾好家庭。

在周秉昆遭遇财务困难时，哥哥和姐姐都及时出手相助。

厚道的周秉昆一辈子很少去麻烦别人，却会因为朋友的事情而去找人帮忙，因为他认为大家是朋友；他无怨无悔地照顾成为植物人的妈妈，是出于儿子的责任；他愿意照顾妻子带过来的孩子，是因为他愿意为妻子承担一切。

在社会发展的大变革中，他的家庭遭遇了一些困难和变故，但他最终仍然过上了他想要的幸福生活。

漫长的一生中，我们会遇到各种各样的困难，是积极乐观的生活态度让我们承受住生活的变故，是身边的亲人和朋友的出手相助，让我们走出困境。身边的亲人朋友之所以能出手相助，往往是出于亲情、友情和信任。

二、责任担当能让人获得更多的机会

一个人能否获得他人的信任，要看他是否有责任和担当。每次言出必行，都是在储蓄信任，就如现在的个人信用级别一样，如果信用级别很高，各类机构愿意提供的便利就会很多；如果信用级别很低，就有可能无法通过银行贷款的评估。

在日常购物中，我们买衣服时愿意选择有品牌的衣服，买食品时愿意选择国家认证过的品牌。我们之所以愿意在信誉度高的商家消费，是因为信誉度高意味着产品质量安全可靠。信誉度高的商家往往爱惜自己的羽毛，愿意为消费者负责。

在购物方面，人们习惯选择值得信赖的商家，同样在选人方面，人们也愿意选择值得信赖的人。

单位愿意选择有责任担当的员工。走进婚姻时，人们愿意选择有责任担当的伴侣。

有责任担当的孩子往往能够常常陪在父母身边，能够获得社会的认可，并且能够持续发展。聪明的孩子也许走得很快，但有责任担当的孩子能走得更稳。

父母可以通过给孩子讲述有关一诺千金的故事，来培养孩子有责任担当的品质，也可以通过日常小事来培养孩子的责任意识。能对小事负责的孩子也能对大事负责。

对孩子来说，做好小事就是在培养有责任担当的品质。有责任和担当的孩子运气都会很好。

三、让孩子对自己的事情负责

让孩子对自己的事情负责的前提是，家长要根据孩子的年龄，把那些难度与孩子年龄相符的事情交给孩子做，还要在孩子第一次做的时候教会孩子如何做，尽量做到责权利对等。

家长可以根据孩子的年龄，把孩子要做的事情分成两类：一类是完全由孩子自己做的事情，另一类是由大家共同完成的事情。

完全由孩子自己做的事情包括吃饭、喝水、收拾玩具、收拾书本、收拾书包、自己背书包、洗自己的衣物、管理自己的作业等。

比如当孩子玩完玩具后，家长要让孩子把玩具收拾好，而且要提出具体的要求，比如把满地的玩具收拾到指定地点。刚开始的时候，家长可以和孩子一起收拾玩具,然后逐步让孩子养成自己收拾的习惯。习惯一旦养成,就会形成惯性,家长长期坚持让孩子做自己的事情,孩子就能从自己收拾玩具开始,逐步学会收拾自己的房间,收拾自己的书包,将来学会管理自己的所有事务。

比如要求孩子管理好自己的作业,家长要告诉孩子完成作业是孩子自己的事情,要记录老师布置了哪些作业,要检查作业有没有做完,如果没有按老师的要求做完,孩子就需要自己承担没有做完的后果。

大家共同完成的事情,是指孩子作为家庭的一分子,要和父母一起完成的家务劳动等事情。家长可以让孩子做一些力所能及的家务,比如扫地、洗碗等。家长还要让孩子明白:在家吃饭时,要关照其他家庭成员能否够得着菜;家人没有及时回来吃饭,要为家人留一份饭菜;和家人外出时,不仅要照顾好自己,还要照顾好其他家庭成员;等等。

良好的家风家教会让孩子看在眼里,记在心上,落实在行动上,自然而然地形成好的行为习惯。家长要让孩子明白,自己的事情自己要负责,还要对家人负责任,做一个有责任担当、值得信赖的人。

善良的人内心丰盈而富足

真正强大的人，是心怀善意的人。因为善良的人能够理解、包容、接纳和共情他人。

面对困苦或者不顺心的事情时，偏执的人会攻击或迁怒他人，会把产生问题的原因都归结为外因。善良的人会为不如意的事情找到宽容的理由，能让心情趋于平和，能让情绪变得平稳。

善良的人往往具备化解情绪、自我疗伤、收获友情的能力，会变得豁达，善解人意，会温暖他人，内心会变得丰盈富足。

一、很多人都是善良的

互联网时代，我们可以看到多种多样的众筹项目或公益活动，比如沙漠植树、为孩子捐一个鸡蛋、午餐计划、为生病的人捐款等，往往是出自人们骨子里的善良。

善良的孩子会养成随时做好事的习惯。下雨天，孩子会用身体为妈妈挡着自行车的座椅，避免被淋湿，会扶起倒在地上的老人，会为问路的人指路，会为饥饿的人买一份饭，会在炎热的天气准备免费的凉茶，会为没有零钱的人购买一张车票，看到有人被欺负会挺身而出……最能打动和温暖人心的就是生活中的热心相助，这就是善良。

"穷则独善其身，达则兼善天下。"善分小善和大善，有能力的人可以去帮助世界上更多的人，普通的人可以从善待自己和身边的人做起，不影响他人的权益也是善意的举动。

善良是通往幸福和心安的必经路径，父母教会孩子善良，就能让孩子的内心变得幸福。

二、如何培养孩子善良的品质

1. 善良从分享开始

孩子能够从分享中体验到美好、善意、愉悦、成就等情感，以后他就会愿意自动自发地进行分享。家长在引导孩子分享的时候，要避免采用强迫、抢夺等方式。

有的家长会对家中的大宝说："你是哥哥，必须让着弟弟。"这样的话语无法给孩子带来美好的分享体验。家长可以这样说："哥哥，弟弟特别想和你玩，你愿意吗？"

这两句话的区别是，第一句话带有强迫的要求，第二句话让哥哥感到自己被需要。从要求到被需要，家长会选择哪一种呢？孩子一旦愿意和其他的孩子分享苹果、书、玩具等，就学会了分享，善良就藏在分享中。

2. 善良从帮助他人开始

有人摔倒了，你会不会伸出手来拉一把？

有人抱着一堆书走过来，有一本书掉在地上，你会不会帮他捡起来？

路上有绊脚的石头，你是否会顺手把石头移走？

坐公交车的时候，你会不会给行动不方便的人让座？

你会搀扶老人过马路吗？

你会关爱自己的家人吗？

…………

助人而乐己，父母善良的举动能让孩子看在眼里，落在内心深处，最后转化为孩子的行动。善良不是软弱，而是坚强。善良是一种选择，父母要让孩子选择向阳而生。

爱是获得幸福的基础

爱是世间温暖的原点，是人生宝贵的财富。爱是人类基本的情感，是人和机器人的区别所在。检验家庭教育是否成功的标准不是孩子能否取得多大的成就，不是能否赚很多钱，而是他是否热爱生活。

爱像拴着风筝的那根线，无论孩子飞得多高，走得多远，只要心里始终牵挂着家人，最终都会回来。

没有爱的家庭没有温暖，没有爱的友情往往只有利益交换。心中有爱的孩子能感受到生活的美好，能理解爱的语言。

形容爱情的语句有：愿得一心人，白首不相离；执子之手，与子偕老；相濡以沫；一生一世，情比金坚；等等。

形容友情的词语有义薄云天、肝胆相照、倾盖如故、莫逆之交、刎颈之交、士为知己者死等。

形容家庭的词语有承欢膝下、父慈子孝、其乐融融等。

一、父母对孩子的爱是无私的爱

很多父母都以孩子为重，宁愿委屈自己，也要成全孩子，心甘情愿地为孩子付出一切，全心全意地去成全孩子。

孩子对父母的爱是无条件的。无论家庭是富有还是贫穷，无论父母是健康还是生病，孩子都是爱父母的。若在获得爱和温暖与吃好喝好两者之间选择，孩子更愿意选择爱和温暖。

爱是需要学习和传承的，只有会爱的父母，才能培养会爱的孩子。

"恒河猴实验"验证了爱有多么重要。美国心理学家哈洛将刚出生的猴子从猴妈妈身边带走，放在特殊的箱子中。箱子里有两个假的"猴妈妈"，一个挂着奶瓶，身体上缠绕着铁丝；另一个是"棉绒妈妈"，柔软却没有奶嘴。

实验结果让人十分震惊，除了少数去吃奶的时间之外，小猴子大部分时间趴在"棉绒妈妈"身上。

为了验证小猴子会在什么情况下会离开"棉绒妈妈"，实验人员让"棉绒妈妈"隔一段时间就喷出强烈的气流，但小猴子把"棉绒妈妈"抱得更紧了。研究人员为"棉绒妈妈"装上了弹飞装置，把小猴子重重地弹飞，小猴子还是使劲地抓住"棉绒妈妈"。

实验人员试图用一系列虐待小猴子的行为，来研究缺爱的小猴子长大后会变成什么样子。经历过虐待实验的小猴子长大后很难在猴群中正常生活，无法在猴群中正常社交，也无法进行正常的繁殖。

从小缺爱的小猴子长大后，会爱自己的孩子吗？当实验人员对参与实验的母猴进行人工授精，观察母猴生下孩子后会如何对待自己的孩子。

受虐待长大的猴妈妈不仅不会为猴宝宝喂奶，还会残忍地虐待猴宝宝，咬伤它们，最惨的一只猴宝宝被猴妈妈咬碎了头骨，可是猴妈妈并没有显示出悲伤或者难过，只会独自躲在角落里，像患上了抑郁症。这说明，从小生活在缺乏爱的环境里的猴子长大后也不会爱自己的孩子。

二、勇敢的爱

很多问题儿童都曾有过童年的创伤,比如单亲、家暴、冷漠、极度贫穷等。童年的不幸遭遇往往会让孩子变得冷漠无情,既不在乎自己,也不在乎他人。他们没有感受到过爱,也没有得到过爱,更谈不上给予他人爱。

研究显示,孩子在幼年时期能否感受到父母的爱十分重要,这将直接影响他在未来成长为怎样的人。

一个在幼年时期能够感受到父母的爱的孩子,当他长大成人后,孤身一人在外奋斗时,只要想起远在千里之外的父母、朋友、爱人,内心就会温暖无比。为爱而奋斗的强大力量,会激发孩子无比坚强的斗志,能够让孩子对抗孤独,更加勇敢。

爱是世界上最强大的力量,爱的暖意在亲人间、朋友间、同事间传递,每个温暖的个体汇聚成温暖的大家庭。

心中有爱的孩子懂得爱自己,也懂得爱更多的人。在面临人生的重大选择时,爱会成为最重要的考虑因素。

三、如何培养孩子爱的能力

1. 别做只感动自己的父母

很多父母常常对孩子说这样一句话:"这都是为了你好。"这句话往往会给孩子带来压力。父母说"都是为了你好"时,自己会非常感动,说到动情处还会潸然泪下,却发现很难打动孩子。

下面是很多父母的心声:

"为了让孩子得到最好的陪伴，我选择全职在家。"

"为了让孩子吃得好，我每天换着花样给孩子做三餐。"

"为了让孩子吃得好，吃苹果的时候，我只吃苹果核。"

"我每天起早贪黑地去工作，好累。"

"为了让孩子不被别人欺负，我尽量让孩子的吃穿玩和别的孩子一样，我三年没给自己买衣服了。"

"为了陪孩子，我没有自己的生活了。"

…………

有的家长认为自己为孩子付出了这么多，就是一个铁石心肠的人也会被感动得痛哭流涕，孩子必须马上自动自发地去学习，这样才能对得起自己的付出。有的家长认为自己为孩子努力付出了，孩子就应该自动自发地去学习，结果孩子居然变得更无所谓了，家长就会变得非常失望和愤怒。

父母不断加大对孩子的付出，往往是在不断提升孩子感动的阈值，阈值越高，越难感动孩子。

假如有两种情况，一种情况是孩子通过努力才能获得一颗糖，另一种情况是孩子能够随时随地获得糖，在这两种情况下，家长想用糖去激励孩子努力，到底是哪种情况更容易激励孩子呢？

孩子平时经常收到各种礼物，对礼物的期盼还会有多少呢？

孩子如果随时随地都能获得父母无微不至、全方位的爱，往往就会心安理得地接受父母的付出。父母再想突破现有爱的形式去表达对孩子的爱，就变得异常困难，孩子内心的感动往往会变得越来越少。

让孩子学会爱的第一步，是让他懂得爱是非常珍贵的。家长要适度关注爱的表现形式，让爱变得珍贵起来。

2. 家长先要学会爱自己

家长爱孩子不要太用力，对孩子过度关爱反而容易让孩子不懂得如何爱别人。家长先要学会爱自己，关注自己的事业、社交、生活，照顾好自己和家人，给予孩子更多的个人空间，让自己和孩子都有空间去思考爱是什么。家长要放过孩子，也放过自己，不要给孩子太多压力，也不要给自己太多压力，这样生活就会变得更轻松，让爱变得更自然自在。

3. 爱要用行动表达

流淌在家庭里的爱体现着父母对爱的解读，体现在日常生活中。

爱自己的形式是什么？好的婚姻是什么样的？家人之间的关爱如何体现？兄弟之间的情谊如何表达？家长要告诉孩子爱是什么，要用日常生活的行动来表达爱，要让孩子看到爱，感受到爱，孩子才能学会如何去爱。

（1）如何爱父母

真正爱父母的孩子会经常去看望父母，时常牵挂父母，会经常陪父母聊聊家常，经常陪父母一起出去走一走，陪生病的父母去看病，自己做点儿好吃的，总是想给父母送过去尝一尝。

（2）如何对待爱人

恩爱的夫妻会细致入微地关怀照顾对方，比如妻子下班晚了，丈夫会去接妻子回家；下雨了，丈夫会给妻子送伞；丈夫饿了，妻子赶快去厨房煮碗面；妻子难过了，丈夫会把妻子抱在怀里安慰；妻子过生日的时候，丈夫会为妻子做顿好吃的；丈夫出差了，妻子会时不时地关心问候丈夫；丈夫上班出门前，妻子细心地叮咛告别；等等。

（3）如何爱朋友

可以和好朋友时不时地聚一聚，经常用电话联系，一起倾诉心事。

孩子的模仿能力非常强，爱的学习是从模仿父母开始的。父母与其告诉孩子自己有多爱孩子，不如直接让孩子看到自己在日常生活中爱的行动。

利用家庭教育的黄金十年，父母通过自己的榜样作用，培养出一个能爱、会爱、敢爱的孩子。

第九章

促进孩子事业发展的能力

好奇心：创新力的来源

"妈妈，为什么鸭子会游泳？为什么小鸡不会游泳呢？"

"为什么太阳白天出来，月亮晚上出来呢？"

"下雨之前，蚂蚁为什么会出来呢？

"鸽子为什么不会迷路呢？"

…………

相信很多家长都有过被孩子的"十万个为什么"难住的时候，孩子的脑袋里装了无数个问题，孩子对这个世界充满了好奇心。

为了解答孩子天马行空的问题，出版社专门出版了《十万个为什么》丛书，这套书也成为很多家庭必备的学习宝典。

孩子的好奇心是与生俱来的，孩子总想探索充满未知的世界。小宝贝长大的过程就如同一部探索历险记。宝宝刚开始用嘴和手去感受这个世界，去舔咬接触到的一切，去抓妈妈的头发，甚至去触摸插座，还会抱着自己的脚啃，还会去摸自己的肚脐眼，总会做出一系列惊险连连或惹人发笑的行为。

随着年龄的增长，宝宝活动的范围也在扩大，宝宝摇摇晃晃地走到陌生的地方，去触摸、按压、感受新鲜的事物。

为了探索，宝宝会通过看一看、听一听、摸一摸、闻一闻、舔一舔、拧一拧等方式，充分调动全身的感官来感知这个新奇的世界。

宝宝会说话了，就会不断追着父母问"为什么"，来满足自己强烈的好奇心。

好奇心是一种强大的内驱力，促使孩子去主动探索，将来就可能取得与众不同的成就。

好奇心是创新力的来源，好奇心会驱使孩子了解事情发生的原因。孩子的好奇心有多强，孩子学习的驱动力就有多强。

孩子的好奇心异常宝贵，作为孩子的梦想规划师，家长要在教育的黄金十年里充分保护好孩子的好奇心，让孩子具有和时代共同成长的蓬勃能力。

心理学表明，好奇心是个体遇到新奇事物或处在新的外界条件下所产生的注意、操作、提问的心理倾向。好奇心是孩子学习的内在动机之一，是孩子寻求知识的动力。拥有强烈的好奇心是创新型人才的重要特征。

一、国家对创新人才的需求

人才和时代息息相关。简单来说，社会需要哪种类型的人才，这种类型的人才就会获得时代的青睐。

在中国的"十四五"规划中，对未来人才的描述中指向一个方向——创新。

规划的第二篇明确提出："坚持创新驱动发展，全面塑造发展新优势。"

从国家层面提出："强化国家战略科技力量。"

从企业层面提出："提升企业技术创新能力。"

从人才层面提出："激发人才创新活力。"

从国家层面到企业层面，再到人才层面，"创新"一词成为被高频提及的词语，是否具有创新能力已成为人才选拔的标准。

教育是国家人才储备的重要方式，为了确保储备充足的、具有创新能力的优秀人才，教育部门开始了一系列教育改革。2020年，教育部门针对义务教育阶段提出了减负政策，被称为"双减"，出台政策的目的是有效减轻义务教育阶段学生过重的作业负担和校外培训负担。

值得关注的是，"双减"政策中专门提出了禁止"拍照搜题"，就是为了避免孩子们产生思维惰性和科技依赖。

孩子一旦产生思考惰性，往往难以形成创新思维。如果创新思维没有形成，未来怎么会有创新型的优秀人才呢？

实行"双减"政策之后，一系列的教育改革也在进行中。新课改中，科技类的课程被放入了校本课程里；在国家认可的中小学生竞赛中，科技类竞赛受到越来越多的重视；在高考选拔中，强基计划的录取比例也越来越高。

无论是高考，还是新课程改革，都传递出清晰的信号，那就是在未来，创新型人才将会获得更多的机会。

孩子与生俱来的好奇心非常强烈，家长需要呵护和强化孩子的好奇心，让孩子成为具有创新能力的人。

二、如何培养孩子的创新能力

1. 重视孩子的每一次提问

孩子的每一次提问都是学习的好机会。当孩子提问时，无论是多么稀奇古怪的问题，家长都应该认真聆听，抱着开放的态度和孩子一起讨论。

家长不要压制孩子提问，不要这样说："你怎么有这么多问题？你问这些干什么？好好学习去！"对于孩子提出的问题，家长不要置之不理，也不要敷衍了事，不要斥责孩子。

2. 接受开放式的答案

敢于质疑专家和标准答案，意味着创新突破的开始。

研究发现，如果老师总是强调标准答案，这样的老师教出来的孩子往往很少主动查找资料。刻板的标准答案不利于发展孩子的好奇心。所以，家长要用开放的态度接纳孩子的想法，即使孩子的想法有些异想天开，孩子也是在进行创新思考。

在和孩子一起讨论的过程中，家长不要急于告诉孩子标准答案，也不要过多强调知识的准确性，而要鼓励孩子对这个世界进行探索，激发孩子的好奇心，鼓励孩子进行天马行空的想象。

3. 用开放式的问题引导孩子思考

孩子问："爸爸，小白兔的耳朵为什么这么长啊？"如果爸爸的回答是开放性的，孩子就会尝试思考多种答案。

家长可以运用开放式的三句话："你是怎么想的？你觉得呢？我们去查一下资料吧！"家长平时多说这三句话，就可以引导孩子寻找多种答案。

在引导孩子探索的过程中，家长不仅可以训练孩子深度思考的能力和搜索信息的能力，还能和孩子建立起良好的关系。

4. 让孩子想一想其他方法

家长可以让孩子寻找解决问题的多种方法，把激发孩子思考的过程变成一种游戏，用开放式提问引导孩子发散思维，既好玩又有趣，孩子就会愿意参与其中。

家长可以问孩子："鸡蛋和西红柿有几种吃法？"只要孩子能够说出多种答案，家长就给予孩子鼓励，然后把多种答案罗列出来，看看到底有多少种答案，说不定这些答案中藏着天才想法。

家长还可以问孩子："爬过一堵墙有多少种方法？"家长可以让孩子天马行空地想，看似简单的问题里，蕴藏着孩子无数个奇思妙想，促使孩子努力追寻问题的答案。

当孩子做完一道数学题的时候，家长可以问一句："有没有其他的解题方法呢？"当孩子写完作文时，家长可以问一句："假如你是同桌，你会怎么写呢？"

家长如果平时经常采用以上这些方法，久而久之，就会得到一个爱思考、爱探索、充满好奇心的孩子。

5. 多接触外面的世界

外面的世界充满着鲜活的案例，大自然会给孩子无数的启发。父母要多带孩子去看看外面的世界，孩子接触到的信息和知识越丰富，联想的能力就越强，好奇心就越强烈，灵感就会越多。

洞察和思考：看透事物本质

花半秒钟就能看透事物本质的人，和花一辈子都看不清事物本质的人相比，往往有着截然不同的命运。世界的变化日新月异，连专家都无法准确预测。

如果有机会坐时空穿梭机回到 20 年前，你会改变 20 年前曾经做出的选择吗？

为什么现在回头看以前做出的选择，就能非常清楚该如何选择，但在当时却很迷茫呢？同样，面对未来，我们现在做出的选择是最合适的选择吗？

一、做人生考试的选择题

孩子在一生中经常要做选择题，能不能做好人生的选择题，能不能获得社会考试和人生考试的高分，就要看孩子的洞察力和独立思考能力的高低，到底是人云亦云，还是独立思考。

我们把"一分钟看透事物的本质"这句话进行拆分，会看到三个关键词："一分钟""看透""事物的本质"。

"一分钟"指的是时间，说明孩子做出决策判断的超快速度；"看透"是指孩子对各类关联信息进行分析、判断、处理、加工的能力；"事物的本质"是指决定事物性质和发展方向的关键点。

我们对一道选择题做出选择，通常是根据自身拥有的经验、知识、认知和信息等关键性要素，经过思考之后做出的决定。我们对事情的本质看得越清楚，决策就越正确。

有人认为，掌握的信息越多，做出的决策就越准确有效，所以在决策时总希望掌握更多的信息。日益发达的互联网科技能让我们轻松获得海量的信息，这就意味着我们能做出更好的决策吗？

大量研究表明，掌握的信息量与决策的自信心之间存在明显的关系，也就是说，一个人掌握了更多的信息量，往往更加坚信自己的判断是准确的。

打开视频平台，找出一个获得点赞数高的视频，我们会看到视频下方有各种各样的评论，有我们认同的观点，也有我们不认同的观点；有高屋建瓴的观点，也有认知匮乏的观点。

视频下方的评论是人们依据自己的认知做出的判断，评论区甚至会出现赞成的评论和批评的评论都很多的情况，这就是人与人之间认知差异直观的体现。

信息量的增加能提高人们的自信，能提高实际的决策准确度吗？专家研究表明，答案是否定的。

二、了解的信息多，就能选得对吗？

心理学研究表明，随着拥有的信息量增加，人们更加坚信自己判断的准确性，但人们判断的实际准确性并不会相应提高。也就是说，一个人了解的信息越多，就会越自信，但并不一定因为了解很多信息就能做出准确的判断。

信息量的增加不一定会带来判断准确性的提升，只有经过有效分析加工的信息才能为人们做决定提供帮助。

例如：国家出台了一系列教育政策，有关"双减""新课改""新高考"的信息，家长在网络上全部可以获得，接下来，如何帮助孩子做好当下的选择，考验的就是家长的洞察力和思考能力。

不同的家长面对同样的信息会做出不同的选择，有的家长仍然按照以前的方式培养孩子，有的家长开始根据政策变化调整自己的教育方式。

家庭教育是否需要进行调整，是家长深思熟虑后的结果。政策发布对每个家庭都一样，家长是否了解孩子的优势特长？是否明白国家教育改革的初衷是什么？是否了解未来的人才需求是什么？

家长只有看清楚教育政策变化背后的原因，才能摆脱焦虑的困扰，才能帮助孩子做出适合孩子的选择。

家长如果不知道该如何教育孩子，就不妨多想想教育的本质是什么。

有的家长人云亦云，或者随波逐流，或者把结果归于命运的安排，这都不是正确的教育方式。主动调整自己的教育方式远比被动接受更积极。面对教育政策的变化，如果家长能够看得更长远些，想得更深入些，孩子的人生路就会走得更顺利些。

教育的风险往往不是出现在眼前，而是在 10 年后，或者在 20 年后。选择和结果环环相扣，想要快人一步，孩子就要学会洞察和思考。等到孩子能够独立面对选择的时候，就会明白该如何去做选择了。

作为孩子的梦想规划师，家长要看清楚世界的变化，选对方向远比努力更重要，这样能起到四两拨千斤的效果，也能让教育事半功倍。

三、如何培养孩子的洞察能力和思考能力

1. 让深度思考成为日常习惯

孩子可以利用碎片化时间学习知识，但不要进行碎片化思考。

随着碎片化学习的兴起，快餐式的学习方式往往会让有些人失去深度思考的能力。有的人喜欢看把一本厚厚的书拆解成几个关键知识点的短视频，有的人看电视剧时喜欢用 1.5 倍或者更高倍速播放。快节奏的生活让很多人习惯用更少的时间来获取更多的信息，这种习惯正在蚕食人们深度思考的能力。

一个人如果习惯让别人把信息、知识嚼碎了喂到自己的嘴里，往往就会失去深度思考的能力。从孩子的发展规律来看，教育的黄金十年也是孩子认知发展的重要时期，家长要从小开始训练孩子的洞察能力和思考能力，这样孩子长大后才能避免掉入惰性思维的泥潭。

要想培养孩子深度思考的能力，家长可以从孩子比较擅长的问题开始，做"WWH"三个层级的提问引导：

"Why"的提问：为什么会这样？

"What"的提问：到底是什么？

"How"的提升：应该怎么做？

比如孩子问："花为什么是红色的呢？"

家长可以反问孩子："你觉得呢？"

孩子会有各种各样的回答，也可能说："我不知道。"

别急，家长可以这样说："我也不知道，咱们到哪里找答案呢？"然后和孩子一步步寻找答案，讨论原因。好奇是思考的开始，逐步寻找答案的过程也是孩子深度思考的过程。

2. 逐渐增加问题的条件

如果孩子在思考问题时想法比较单一片面，家长就需要逐步培养孩子多级关联思考问题的能力。家长可以通过逐次增加问题的条件，来帮助孩子学会多级关联思考。

以吃饭为例，妈妈问："今天的米饭够不够吃？"孩子看了看碗里的饭答道："够。"妈妈继续问："如果爸爸想多吃一点儿，怎么办？"孩子看了看爸爸和自己的碗，说："那我们就多准备一点儿。"

"如果今天妈妈也想多吃一点儿呢？"孩子可能继续回答："再多准备些。"妈妈可以和孩子一起思考多种方案，比如煮面条、多吃点儿菜、吃些糕点等。

家长可以通过逐次增加问题的条件，帮助孩子进行信息、人、物品、空间、时间等各种要素的关联思考。久而久之，再遇到问题时，孩子就会进行关联思考。

3. 读多种类型的书

读书是培养孩子洞察能力和思考能力的基础。能被书籍吸引的孩子通常能够坐得住，静得下心。书是特别好的老师，能引发孩子深度思考。

不同于书籍，电子产品通过声、光、电等手段吸引住孩子的注意力，孩子一旦喜欢上电子产品，就往往不爱看纸质书籍，难以静心思考。

家长要从小为孩子营造宁静的读书氛围，可以在家中设立专门的读书角，平时多陪伴孩子一起读书，多带孩子去书店或图书馆，让孩子养成爱读书的习惯。

家长要让孩子读多种类型的书，比如社科类、人文类、政治类、经济类、科技类等。家长还可以给孩子读一些名人传记、历史故事，以及有关创新思维的书籍。阅读的多元化能触发孩子的联想，孩子能从多个维度进行深度思考。

如果孩子养成了读书的习惯，而且读了很多种类的书，再加上家长经常和孩子讨论书中的问题，孩子的洞察能力和思考能力就会得到提升。

4. 结交不同类型的朋友

有的人只想结交让自己感到舒服的朋友，但这对孩子是不适用的。朋友是社会的组成部分，结交不同类型的朋友会让孩子学习到不同类型的思维，而且能让孩子学会理解和包容不同的观点和意见。

5. 引导孩子用理智处理问题

孩子面临冲突的时候，就是培养洞察能力和思考能力的好机会。比如和小朋友争夺小飞机玩具、和哥哥姐姐发生口角、被坏孩子欺负等等，孩子会本能地进行应对，属于支配型（D型）性格的孩子可能直接动手打架，属于影响型（I型）性格的孩子可能嘴甜地说上两句，属于服从型（C型）性格的孩子可能选择默默忍让，属于稳健型（S型）性格的孩子可能去解释事情的对错。

无论孩子具有什么样的性格，家长都要让孩子把按照本能的处理方式转变为用理智处理的方式，要让孩子明白过激应对或消极应对都无法很好地解决问题，积极面对问题，寻找合适的解决方法才是理想的方式。

家长可以和孩子一起对问题进行复盘，让孩子说说发生了什么事情，说说自己是如何处理这个事情的，让孩子思考有没有更好的处理方式。家长可以根据孩子的描述进行分析，对孩子做得好的地方进行赞扬，对孩子需要提升的地方多加鼓励，可以帮助孩子分析事情发生的原因，比较不同处理方式的优劣，讨论不同处理方式导致的不同结果，引导孩子进行思考。

　　复盘能够让孩子更好地弄清楚事情的前因后果，明白自己的处理方法是否妥当，让孩子的性格得以改善。

迭代学习：适应世界的变化

等孩子长大以后，家长就会发现，是否爱学习往往是孩子与孩子之间的一个区分点。孩子能赢得升学考试，不仅说明孩子的学习能力很强，而且说明孩子具有坚韧不拔、顽强拼搏的毅力。这样的孩子往往也能赢得社会考试和人生考试。

学习从模仿开始，是不断吸收历史沉淀下来的经验和知识的过程。每一代人都是站在上一代人的肩膀上成长发展。只有具有迭代学习能力的人才能跟上时代的发展，才能在社会的优胜劣汰中稳稳胜出。

一、适应变化，跟上变化

中国国宝大熊猫就是迭代进化的佼佼者。自然界的生物是迭代学习的样本，自然界的生存法则极为严苛。在历史长河中，有很多曾经盛极一时的物种在大自然的优胜劣汰中被淘汰。与大熊猫同期的许多物种都灭绝了，而大熊猫却存活到现在。

大熊猫能在弱肉强食的大自然中存活至今，实属不易。从吃肉到吃竹子，就是大熊猫为求生存而不断改变自己的重要例证。

为了能够存活下来，大熊猫需要努力改变自己来适应环境的变化。很早以前，大熊猫是以食肉为主，随着地球气温的下降，食物来源锐减，在食物与严寒的双重考验下，大熊猫面临着生存的挑战。

为了生存，肉食动物会猎杀相对弱小的动物。相对"弱小"的大熊猫并没有强大的搏杀实力，为了避免成为猎物，它不得不学会了多种本领，还让自己从肉食动物改为杂食动物，开始吃植物。

解决了活下来的问题后，大熊猫种群开始迭代发展。随着种群数量的逐渐增多，大熊猫对环境的适应能力逐渐增强。

为了寻找更适合生存的地方，大熊猫开始不断迁徙，发现亚热带地区的竹林非常适宜，最终改为以竹子为主食，体形越来越大，成为我们今天看到的样子。

没有在物竞天择中活下来的物种，最终成为博物馆里展览的标本，为我们所知。动植物的进化带给人类的启示是只有不断迭代学习才能更好地发展。迭代学习并不是死读书。死读书的人只是把知识记在脑子里，无法创新灵活地运用知识。

为了选拔具有创新能力的孩子，高考已经开始逐步改革，以前考查的是对知识点的记忆，擅长记忆的孩子很容易获得高分，在发展速度较慢的年代，人们有足够的时间学习新的知识。当下，知识更新变得异常迅速，只靠记忆就能赢得升学考试的时代已经一去不复返。

二、轻松应对不断变化的高考

历年高考试题的变化体现出了高考改革的趋势。下面列出了2022年全国高考甲卷和新高考Ⅰ卷的作文题目，这样的题目也体现了高考改革的具体变化。

全国甲卷高考作文题：
《红楼梦》写到"大观园试才题对额"时有一个情节，为元妃（贾元春)省亲修建的大观园竣工后,众人给园中桥上亭子的匾额题名。有人主张从欧阳修《醉翁亭记》"有亭翼然"一句中,取"翼然"二字;贾政认为"此亭压水而成",题名"还须偏于水",主张从"泻出于两峰之间"中拈出一个"泻"字,有人即附和题为"泻玉";贾宝玉则觉得用"沁芳"更为新雅,贾政点头默许。"沁芳"二字,点出了花木映水的佳境,不落俗套;也契合元妃省亲之事,蕴藉含蓄,思虑周全。

以上材料中,众人给匾额题名,或直接移用,或借鉴化用,或根据情境独创,产生了不同的艺术效果。这个现象也能在更广泛的领域给人以启示,引发深入思考。请你结合自己的学习和生活经验,写一篇文章。

....

全国新高考Ⅰ卷作文题:

"本手、妙手、俗手"是围棋的三个术语。本手是指合乎棋理的正规下法;妙手是指出人意料的精妙下法;俗手是指貌似合理,而从全局看通常会受损的下法。对于初学者而言,应该从本手开始,本手的功夫扎实了,棋力才会提高。一些初学者热衷于追求妙手,而忽视更为常用的本手。本手是基础,妙手是创造。一般来说,对本手理解深刻,才可能出现妙手;否则,难免下出俗手,水平也不易提升。

以上材料对我们颇具启示意义。请结合材料写一篇文章,体现你的感悟与思考。

....

作文题目出得如此灵活，考生需要具备思辨性的思维，还需要具备整合多种知识、不同观点的能力，才能从"八股文"式的作文中脱颖而出。

社会环境一直都在发生着变化，生命力强大的动植物练就了在环境变化中进化的能力。孩子要想获得强大的生命力，就需要具备自我迭代学习的能力。

新科技不断出现，以往需要靠人们记忆背诵的知识点，如今可以在网络上查询。国家人才选拔机制正在悄然发生变化，不再考查学生死记硬背的能力，考查的是在深刻理解基础上的融会贯通和灵活运用的能力。在这样的背景下，不断迭代学习，保持与时俱进已成为一个人的必备能力。

三、举一反三，跟上未来

能够把教育知识、社会发展等信息联系在一起，再把信息进行加工整合，最后获得新知识的能力，就是迭代学习的能力。

如今知识更新速度越来越快，只有保持不断迭代学习的能力，才能让孩子无论在 10 岁，还是在 30 岁，还是在 40 岁，都能和时代同步。

深度思考能力和改变现状的能力是推动人类发展的两大利器。一个人只有学会深度思考，有能力改变现状，才能摆脱疲于奔命、为生存奔波的困窘状态。

人类是迭代学习的佼佼者，在大自然残酷的生存法则下，人类成为改造世界的强者。

从体形来看，比人类体形庞大的动物很多，人类处于劣势地位，可是人类仍然从弱者变成了强者。

人类的进步是快速学习的结果，从直立行走、钻木取火、学会使用工具，到如今掌握先进的科技，拥有便利的生活，人类创造了一个又一个伟大的奇迹。

时代能造就让人敬重的英雄，也能成就很多人的梦想。时代在不断快速发展，发展速度之快超过以往任何年代。一个人唯有加速学习，才能跟得上时代的发展。

一个人无论身处什么样的环境，都需要根据以往的经验，不断总结，并进行优化、改进、学习，做到举一反三，才能更快地适应未来。

家长要告诉孩子为未来的梦想而努力，让孩子拥有迭代学习的能力。

四、如何培养孩子迭代学习的能力

1. 锻炼举一反三的思维

在生活中，家长要多训练孩子举一反三的思维。从与孩子生活密切相关的常识开始训练，孩子就会更容易理解和接受。比如：低龄段孩子在收拾玩具的时候，为了图方便，会一股脑儿地把玩具放进玩具筐里。这时家长可以和孩子讨论如何收拾玩具，建立孩子的分类思维。

从玩具分类来看，如何收拾大玩具？如何收拾小玩具？怎么放才方便拿？

从收纳工具来看，用什么样的收纳工具来装玩具会更方便？

从玩具占地来看，怎么收拾玩具才不占地方？是把玩具全部放在地上，还是把玩具盒子一个个叠放起来？

收拾好玩具，可以把训练拓展到其他方面，比如：怎么收拾书包？

怎么收拾衣柜？怎么收拾笔？怎么收拾房间？

带孩子出去玩的时候，如果孩子口渴了，家长就可以让孩子想想怎么解决口渴的问题，可以让孩子天马行空地想：哪里有水？要不要花钱？在哪里可以免费喝到水？回家喝水可不可以？下次出门时如何避免口渴的情况？

家长尝试和孩子讨论各种小问题，让孩子在寻找答案的过程中不断迭代学习。

2. 学会归纳总结

每次和孩子讨论完问题以后，家长可以和孩子一起对讨论的内容进行总结，孩子以后慢慢就能掌握归纳总结的思维。

比如讨论完了口渴的问题如何解决后，家长做个总结："以后我们口渴了，可以怎么做呢？"和孩子一起把讨论出的方法一个个罗列出来，不仅可以培养孩子归纳总结的能力，还可以让孩子的思维变得更加有逻辑性和更加清晰。

会玩：愉悦自己和他人

有家长问："为什么过去的孩子挨骂、挨打，却很少有心理问题，现在有的孩子为什么会自残、抑郁、自杀呢？"

如今，有的小学生就开始出现心理问题，很多家长开始对教育进行反思："孩子的身心健康比什么都重要。"

每当中考、高考分数公布时，有的家长会很懊恼："当初我为什么不让孩子多学一点儿？"

面临考试时，总会有人后悔在此之前没有做好应试准备。在未来的社会大考和人生大考中，还有什么可以助力的方法呢？家长如果在孩子成长的黄金十年中错过了对孩子的教育，以后还有机会补课吗？

一、年轻父母的教育变化

在一次家庭教育沙龙上，有位初中生的妈妈分享了如何带孩子玩的经验。这位年轻的妈妈在介绍如何让孩子变得自律又开朗的教育经验时，重点强调了如何玩的经验。

这位妈妈说，每个周末，全家会花一天的时间到不同的地方去徒步旅行。从短途开始，孩子慢慢地爱上了徒步旅行，而且变得越来越自律和有毅力，性格也变得开朗起来。为了周末有时间去徒步旅行，孩子把学习安排得非常紧凑和高效，学习效率和学习质量都在提高。

一位 9 岁男孩的爸爸也谈到除了学习外，期望孩子有更多玩耍的时间，他相信会玩的孩子往往拥有在挫折中坚持下来的勇气。

如何让孩子学会玩，正在慢慢进入年轻家长的教育清单。

随着时代的发展和家长对教育认知的变化，有的家长原本一味要求孩子全身心投入学习，如今开始关注孩子身心的健康发展，这是让人感到喜悦的事情。

二、是补课，还是一直玩？

小时候课余时间一直在玩的孩子和一直上补习班的孩子长大后有什么不同呢？社交媒体曾经就这个问题进行讨论。支持孩子一直玩和支持孩子一直补课的家长都期望找到权威的论据来证明自己的选择是对的。双方都搬出了某些经济学家、心理学家的理论试图说服对方。

鼓励孩子一直上培训班的家长，从社会现状和收获的教育红利等方面告诉对方，努力读书才是唯一的出路。

鼓励孩子一直玩的家长也举出很多案例，来论证玩对孩子的身心健康有帮助。公说公有理，婆说婆有理。有时辩论并不是为了打败对方，而是给自己选择的教育方式找到坚持的信心和理由。

要想判断一件事情的对错，可以从事实、观点、立场三个方面来思考。辩论的双方都持有自己的观点，这些观点来自不同的立场。

社会人口众多，很多优质教育资源往往被站到金字塔顶端的人占据着。家长要不要加入资源争夺战？拿什么去争夺资源？不同的家长会有不同的思考。

很多家长都希望孩子上个好大学，然后找个好工作。这类家长的目标非常明确，他们希望孩子把有限的时间投入无限的学习中，这就是这类家长的选择。

有的家长发现,科技的发展为有才华的人提供了快速突破的路径。这类家长会这样想:为什么不通过长板效应让孩子利用自己的优势争取到更多的发展机会呢?

立场决定了观点,观点决定了选择。总之,每个家长都在寻找适合自己孩子的教育方式。

社会变得多元化,越来越多的家长开始明白,仅仅会学习不足以让孩子赢得社会大考,所以,如何才能让孩子兼顾学习和未来,是家长们一直在思考的问题。

三、会玩的好处

有研究显示,能在孩子学习过程中起到关键作用的便是玩耍。孩子能在玩耍的过程中对事物进行深层次的探索和学习,能把在玩耍中获得的学习激情转化为深层次的信念。总之,玩耍有助于对大脑的开发。

在进行动手游戏或户外游戏时,孩子除了身体在进行协调性的配合外,大脑也在飞速思考,尤其是玩智力游戏时,即使是看似很简单的小游戏,也能在无形之中刺激孩子左右脑的发育,提升孩子的专注力。

会玩的孩子不仅能够愉悦自己,还能发现生活中有趣的事情,提升生命的愉悦度。从学习的角度来说,张弛有度能提升学习效率。

会玩的孩子能找到很多有趣的玩法,比如侦探大冒险、打球、徒步、成语接龙、飞花令、下棋、骑车、养宠物、看蚂蚁打架、和小伙伴们疯玩、除草、唱歌、跳舞、演话剧等。孩子被有趣的事物吸引,根本无暇沉溺于电子游戏。

会玩的孩子会把有限的时间花费在美好的事情上，能感受到生命的美好和生活的美好，懂得珍惜生命，珍惜时光。

中国诗词大会的比赛现场，就像诗词大闯关的游戏，既好玩又长知识，兼具了趣味性和知识性，还根据心理学设计了让人欲罢不能的闯关互动，能够吸引住孩子的兴趣，让孩子获得成就感。

会玩的孩子是小伙伴群里的主心骨，容易获得朋友的喜欢，能在玩耍过程中交到朋友，能提升社交能力，性格也能变得更加开朗。

这种自然而然锻炼出来的社交能力，能让孩子在未来收获良好的人际关系。会玩的孩子能收获许多朋友，人多力量大，可以避免被校园霸凌。

会玩的孩子会带着其他孩子玩，还能设计出玩的新花样，能锻炼孩子的统筹策划能力。

玩耍不仅能让孩子获得以上优势，还有可能成为孩子将来从事的职业。

随着经济的发展，社会上涌现出许多让人身心愉悦的产业，比如娱乐节目、竞赛、小众旅游、读书会、短视频、微电影等，这些产品能够满足人们的精神追求。教育也要寓教于乐，有趣的授课方式更能抓住孩子的心。

"好看的皮囊千篇一律，有趣的灵魂万里挑一。"会玩的人和这个有趣的时代相逢，会获得更多的机会，家长不妨让孩子学会玩。

家长可不可以成为好玩的梦想策划师？让孩子的梦想变得有趣好玩，孩子就会不断地追逐梦想。

成长思维：不断改进与成长

有位妈妈说了一件让她苦恼的事情。孩子考得不好的时候，老师让孩子回答问题，孩子的内心就非常抗拒，孩子给出的理由是："我真的不如别人聪明，我不行。"

面对这样的情况，妈妈很沮丧，无论她怎么鼓励孩子，孩子都不愿意改变，久而久之，一种深深的教育无力感让她很疲惫。

一、别让孩子自我放弃

这个孩子为什么总是把失败的理由归结为自己不聪明呢？孩子妈妈说："我从来不否定孩子，一直鼓励孩子，一直给孩子建议，孩子应该没有学习压力。"

我们观察她和孩子聊天的方式，发现她喜欢这样说：

"考试没有考好，不要有压力，笨鸟先飞，我们也一定行。"

"要注意方法，不要像以前那样读死书。"

"要劳逸结合，不然努力了还没效果，就白费了。"

…………

这位妈妈好像一直在用心良苦地宽慰孩子，但实际上妈妈说的每一句话都在暗暗戳痛孩子的心。久而久之，孩子就变成了让妈妈感到无能为力的孩子。

孩子为自己找到了失败的避风港："你看，这不是我的问题，是我本来就不行！"

孩子如果把问题归因到不容易改变的理由上，就会滋生自我放弃的念头。家长要想改变这种情况，就要从改变孩子的思维开始。

出现问题时，孩子通常会出现两种行为：一种行为是寻找产生问题的原因，积极面对，然后想办法解决问题；另一种行为是看看能不能为问题找个借口，然后想办法把问题推脱出去。这是两种不同的思维模式。

这两种不同的思维模式会对人产生哪些影响呢？在对成功进行了数十年研究后，美国斯坦福大学心理学家卡罗尔·德韦克发现了思维模式的力量。

德韦克认为，智能的思维模式可以分为两种：一种思维模式是成长思维模式（growth mindset），是指有的人认为学习好的关键不在于天赋，而在于努力，一个人只要努力用功，什么东西都能学会；另一种思维模式是固定思维模式（fixed mindset），是指有的人特别相信天赋的作用，一个人如果没有天赋，怎么学都学不好。

德韦克和她的团队对 400 名五年级学生做了长达 10 年的研究。

经过多次实验，德韦克得到了非常一致的结果：如果家长总是夸奖孩子的智力，孩子往往就不愿接受挑战，不愿学习新知识。尤其是原本成绩好的女孩，在考试失利后受到的打击特别大。甚至是 4 岁的孩子，也会因为家长表扬不得当而变得输不起。

实验发现，如果家长一直夸奖孩子努力，孩子往往就愿意接受新挑战，愿意学习新知识。这项实验被称为成长型思维实验。

德韦克说过，成功个体的标志，在于他们热爱学习，喜欢挑战，重视努力，并且在面对苦难时坚韧不拔。这不正是父母期望孩子将来的样子吗？

家长要将自己的思维模式转变为成长思维模式，要经常这样鼓励孩子："你只要努力，学习就会比现在好。"久而久之，孩子就会认为自己只要努力，就会获得更好的结果，而且会不断地寻找更多、更好的方法来改进。

二、拥有成长思维模式的人的心态更放松从容

拥有固定思维模式的孩子，在面对考试的时候，会认为考试是对个人智力的测试，证明自己的智力是行还是不行。这类孩子内心会充满焦虑，会担心自己考不好而被别人质疑。

孩子如果期望通过成绩来证明自己的智力水平或存在感，每逢考试时就容易产生焦虑，甚至会影响考试发挥。

具备成长思维模式的孩子会把考试当成一个学习的机会。这类孩子并不期望通过考试来证明自己的智力水平有多高，面对考试时，会表现得更加放松从容。

普林斯顿大学做了一项实验，给大一新生增加了一次考试，他们把学生分成了两组。

工作人员告诉第一组学生，考试是为了确认他们是否真的够资格上普林斯顿。

工作人员告诉另外一组学生，他们能考上普林斯顿大学已经很厉害了，但还要看看大家到底有多牛，这些考题比较难，看看大家能做到什么程度。

能考上世界名校，意味着这些学霸已身经百战。工作人员只是在考试前对两组学霸说了不同的话，会对他们的心态和结果产生什么样

的影响呢？

结果很有趣：第一组学生只答对了 70% 的题，而第二组学生答对了 90% 的题。

神奇的成长思维结论在普林斯顿的学霸身上同样得到了印证，可见成长思维对人的影响很大。父母该如何培养孩子的成长思维呢？

三、如何培养孩子的成长思维

家长可以借鉴德韦克调研中使用的语言，来培养孩子的成长思维。当孩子完成了一项任务，比如作业写得好、考得不错、解出了一道难题、说出了一个新的想法时，家长要及时给予孩子表扬。

父母如果想要表扬孩子，就可以参照成长思维的语言方式，重点表扬孩子通过努力达到的结果，而不是表扬孩子的天赋。

家长如果只是表扬孩子聪明，比如"这道难题你都会做？我儿子太聪明了！"，就容易让孩子陷入固定思维模式。久而久之，孩子会把以后的每一项任务都当成对自己聪明与否的验证，为了不让别人发现自己不聪明，孩子会尽量选择简单的任务，长此以往，容易养成避重就轻、知难而退的性格。

所以，表扬孩子时，家长可以表扬孩子努力的行为，比如可以这样说："不错啊！这次做得很好，看来你下了很大功夫，很努力！下次继续！你只要努力，就什么事都能做成！"

在教育的黄金十年中，如果家长通过点滴小事，用恰当的激励在孩子心中埋下成长思维模式的种子，孩子就会把每一项任务都当作成长的机会，就愿意花更长的时间钻研难题，就会主动承担困难的任务。

与人合作：获得更多的机会

世界处处需要合作，同事之间需要密切配合才能共同完成工作任务，父母之间好好合作才会有和睦的家庭，家长需要做好家校合作，孩子才会有良好的学习结果。可以说，善于合作是我们在社会生活中需要掌握的一项基本技能。

一、善于合作能更好地融入社会

在现如今科技如此发达的情况下，人们具备了"独处""宅家"的条件，但无论是线上还是线下，学会合作仍然是一项重要的技能。长期独处容易让人处于孤独的状态，容易让人丧失融入社会的能力。

《孟子·公孙丑下》说："天时不如地利，地利不如人和。""人和"是非常重要的成功因素。善于团队合作的孩子的性格会更加开朗包容，更容易收获朋友，在社会大考和人生大考中会得到更多人的帮助，获得的机会也更多。

二、如何培养孩子的团队合作能力

既然团队合作对孩子有如此大的好处，父母该如何培养孩子的团队合作能力呢？

1. 让孩子参与家庭事务

父母可以让家庭成为孩子的第一个团队合作锻炼环境。培养孩子的团队精神不是一朝一夕的事情，家长要从点滴小事做起，通过潜移默化的教育，让孩子逐渐具有团队精神。

比如，周末全家人一起做饭，父母从市场买回蔬菜，可以让孩子剥蒜，择菜，洗菜；做好菜了以后，孩子可以摆碗筷；吃完以后，孩子可以一起收碗筷；孩子平时可以和父母一起打扫屋子；父母可以分配给孩子一些固定的区域，让孩子自己清理；孩子打扫完之后，可以问问父母是否需要帮助；孩子可以和父母一起整理东西；等等。这样的劳动合作能够提升孩子的动手能力和与家长的协作能力，从而让孩子具有团队精神。

2. 给孩子创造团队合作的环境

如今很多家庭的人口构成是"421"型，独生子女往往容易受到家庭成员的过度呵护，呼朋唤友玩游戏的机会并不多，孩子既缺乏参与团队活动的机会，又缺乏团队合作的场景。

家长可以为孩子创建一个朋友圈，让几个孩子时不时地聚在一起，这样不仅可以加深小伙伴之间的感情，还可以进行团队合作的游戏训练。

3. 让孩子学会帮助他人

孩子和小伙伴一起玩耍的时候，家长可以引导孩子帮助其他伙伴，比如帮小朋友一起收拾玩具。在学校里，孩子可以成为老师或同学的小帮手，帮助老师收作业，帮助同学拿东西，等等。家长可以教孩子说一句话："需要帮忙吗？"

4. 引导孩子理解他人

孩子们在一起玩耍的时候，难免会出现磕磕碰碰的事情。当孩子抱怨时，家长可以让孩子进行角色互换的思考："假如你是对方，你会怎么做呢？你会怎么想呢？"家长通过引导，让孩子养成从对方角度思考的习惯。

一旦一个人学会了与人合作，生活和工作的环境就会变得有人情味，他就能够获得深厚的亲情、友情和爱情。快让孩子学会给自己创造一个温暖的环境吧！

第十章

父母和孩子共成长，
　孩子才愿意倾听

为什么孩子不听我的话？

父母其实非常不容易。一旦孩子出现什么问题，大家都会说是"原生家庭"惹的祸，这让父母背负了很大的压力。

请家长放轻松，教育真的没有像某些家长想的那么难。孩子成长的黄金十年，也是父母修炼成长的黄金十年。用这十年的时间，父母可以成为优秀的父母，孩子可以成为优秀的孩子。

很多父母向我们提出了各种各样的困惑，其中有一种困惑被很多父母提出来，尤其是青春期孩子的父母。

高考结束了，李妈妈想在志愿填报前和孩子认真地沟通选择专业的事情，可是孩子除了不想填报理工科类的专业外，没有任何其他想法，而且不想和妈妈聊填报专业的事情。

李妈妈很困惑："明明我和孩子关系很好，但不管我说什么，为什么孩子都不听呢？为什么孩子不愿听我的建议呢？"

李妈妈的这种困惑也是很多高年级小学生、初中生、高中生家长的困惑。从李妈妈的描述来看，李妈妈和孩子的关系挺融洽，孩子甚至会和李妈妈分享自己的心情和小秘密，但是在选择学校和专业、学习方法、热点新闻事件等方面，孩子就不愿听从李妈妈的意见或建议。

一、为什么青春期孩子不愿听父母的话?

很多青春期孩子的父母都会谈到孩子不愿意和父母沟通、经常反驳父母的话、不服管教的问题。

其实,青春期孩子的认知水平逐渐提高,见过的世面和明白的道理越来越多,有了自己的朋友圈,开始思考人生、未来和社会等方面的问题。青春期孩子会遇到很多成长问题,这些问题不是家长给予孩子简单的安慰和支持就能解决的。空洞的说教对有辨识力的孩子的作用不大。孩子期望那些能让自己信服的专家给予自己指导,同时对父母的要求越来越高。这就需要父母和孩子一起学习成长。

有很多父母都在陪孩子共同成长,这样的案例告诉我们,年龄从来不是阻碍父母学习成长的理由。

2015 年,有位妈妈原本陪女儿考研,结果第一年女儿没考上,妈妈却考上了。

这位妈妈考上研究生的时候已经 51 岁,她之所以报考研究生,是因为女儿大学毕业了想继续深造,但是考研复习既枯燥,压力又大,平时没有能交流学习问题的同学。妈妈看到女儿犯难的情况,希望给予孩子更多的支持,于是做出了陪女儿一起考研的决定。

2015 年,母女两个一起走进了考场,都通过了初试。让人意想不到的是,女儿落榜了,妈妈却被成功录取。

在妈妈的激励下,女儿第二年也考上了研究生,和母亲成了同校的校友。

社会在快速发展,信息的获得渠道变得更加丰富,人们的自我认知能力在不断提升。孩子的成长是一个不断向前进步的过程,父母要想跟上孩子的成长脚步,就需要和孩子一起学习提升。父母要不断成长,努力成为专家,孩子才会愿意接纳父母的意见。

家长不仅要成为孩子的梦想规划师,也要成为自己的成长规划师。家长要和孩子共同成长,才能提升家庭教育的质量。

二、看清楚教育中的甲方和乙方

什么是合同的甲方和乙方?甲方一般指提出要求的一方,乙方一般指负责实现要求的一方。签订合同的时候,通常把付款方设定为甲方,甲方因此具有更强的话语权和主动权。为甲方提供服务的乙方,为了获得劳动报酬,会非常重视甲方的意见,尽己所能地去实现甲方的要求。

于是,一种不完全对等的合作伙伴关系就出现了,才会有了"甲方虐我千百遍,我待甲方如初恋"的相处模式。在家庭中,家长是像甲方还是像乙方呢?那要看在生活中处于什么样的地位。

每个人可以是生活里的乙方,也可以是生活里的甲方,还可以在甲方和乙方之间来回切换。家长既扮演着儿女的角色,又扮演着父母的角色,又扮演着夫妻的角色。随着角色的变化,角色的力量感也在不断变化。

关系的本质往往是合作。在一次次大大小小的合作中,擅长切换角色的人往往能获得共赢的机会。

甲方的心态往往是期望对生活和工作有更多的掌控权,通过掌控权来提升自信。无论是在工作中,还是生活中,很多人都想成为甲方。

没有人能够成为永远的甲方,因为一个人的角色在不断变化,力量感也在发生变化。

1. 家长是永远的甲方吗？

曾经有个话题引起了很多人的关注："你在什么时候发现父母只是个普通人？"

在小孩子的眼里，父母就如同无所不能的超人，能把普通的食材变成香喷喷的美味，还是力大无穷的大力士，有一肚子好听的故事，像难不倒的知识百宝库。在孩子小时候，父母能决定吃什么，穿什么，暑假去哪里玩，给孩子多少零花钱……总之，小孩子会带着一脸的崇拜看着父母，心悦诚服地、不带一丝怀疑地乖乖听父母的话。

不知道从什么时候开始，孩子发现父母也有很多做不到或弄不懂的事情，他们再也不能把自己高举过头顶了，甚至在科技快速发展的现在，他们不懂的事情变得越来越多，面对智能手机或其他高科技智能产品，他们开始需要孩子的帮助了。

一旦孩子发现父母只是平凡世界里的普通人，发现父母也有脆弱、无力、无助的时候，父母对孩子的影响力就开始下降。孩子在做决定的时候，对父母提出的建议不再唯命是从，甚至不再接受父母的建议了。

随着孩子体格的逐步发育，认知和经验的逐渐丰富，父母的力量会逐渐由强变弱。等到进入老年，父母对孩子的依赖会进一步增强。孩子小时候依赖父母，父母老去时依赖孩子，这种依赖关系的变化导致了甲方和乙方角色的互换。

甲方和乙方角色的变化，不仅发生在父母和孩子之间，也发生在夫妻之间。

夫妻之间，总有一方事业发展更快，随着社会地位的提升，视野见识的增长，经济收入的提高，会逐步成为家庭中强势的一方，开始扮演甲方角色，获得更多的话语权。

夫妻之间，如果另一方没有相应快速成长，需要依附对方生活，双方没有做好情感的沟通，弱势的一方就会被削弱相应的话语权。

有的家长常常会有这样的抱怨：

"老公总是不听我的意见。"

"孩子只听妈妈的话。"

家长如果出现以上困扰，就要思考："我是甲方还是乙方？"听谁的，谁就是甲方，甲方是通过力量感获得的。

小时候，孩子不听话，父母如果无法通过讲道理的方式说服孩子，往往就会通过动手的方式让孩子接受。

如今生活水平越来越高，孩子的身体发育很迅速，初中生可能和爸妈差不多高矮，体格也变得非常强壮，父母还想通过力量压制的方式来管理孩子，显然已经很难实现。

这个时候，父母既无法通过讲道理的方式让孩子信服，又无法通过力量压制的方式让孩子接受，一旦孩子变得叛逆，父母就没有办法影响和改变孩子。

孩子获取的知识越多，体格变得越强壮，对父母提出的挑战就越大。父母究竟该用什么样的角色来面对孩子呢？

2. 具备甲方的能力，适应乙方的心态

家长千万不要把孩子当作家庭的"乙方"，不要认为"我说的都是对的，孩子什么事都要听我的"，也不要认为孩子必须完全听从家长的要求，更不要认为自己可以对孩子呼来喝去，要允许孩子有自己的想法。

父母在心态上不要把自己当"甲方"，但要具备"甲方"的能力。"甲方"能力是指让孩子对父母心悦诚服的能力，能让孩子愿意接纳

父母给出的建议或意见。父母要不断提升自己的认知，拓宽自己的视野，不要在孩子面前一问三不知。如今的孩子往往佩服"强者"，愿意接纳"强者"的意见和建议。

父母在心态上要把自己当成"乙方"，"乙方"心态是指：

（1）学会换位思考，尝试读懂孩子的真正需求。

（2）及时回应孩子，不要忽略孩子的需求。

（3）学会控制情绪，保持稳定平和的情绪。

（4）具备契约精神，答应孩子的事情要做到，不要无缘无故地毁约，即使有万不得已的原因，也要及时和孩子沟通。

（5）经常复盘。隔一段时间，家长要对家庭教育情况进行反思，寻找更加适合孩子的合作方式。

（6）始终保持学习能力，不断提升自我学习能力，和孩子的成长步调保持一致，多多拓展自己的学识和见识。

三、好的亲子关系，让教育如鱼得水

良好的亲子关系是家庭教育的基础。再好的教育理念和方案，最终都要看团队的配合情况。一流的团队会起到化腐朽为神奇的作用，把一手差牌打好；末流的团队即使手中拿着王炸，都可能打得很差。

亲子关系是孩子来到世间的第一个人际关系，亲子关系对孩子性格的形成、品质的培养、意志的磨炼、与人交往模式的建立，都起着决定性的作用。如果家长的话能被孩子接纳，孩子还能及时回应家长的话，教育就进入了良性循环。

研究表明，在良好的亲子关系中长大的孩子会拥有充足的安全感，对周围世界充满着信任感。这是孩子发展良好情绪的必备条件，也是将来适应社会的基础。

如果亲子关系不和谐，或者家长经常冷漠地对待孩子，孩子就会缺乏安全感，对周围环境持怀疑态度，容易形成胆小、自卑、孤独的性格，不愿探索新鲜事物，不愿与别人接触，常常用攻击行为发泄自己的情绪，不懂得爱自己，也不懂得爱别人，长大后不容易信任别人，难以和他人友好相处，难以和他人建立和谐的关系。

良好的亲子关系是什么样子呢？不同的家长和孩子会给出不同的答案。

孩子已经上高中的张妈妈说："小时候，孩子什么事都愿意听我的，我们的关系很好。我让他做作业，他就做作业。放假的时候，只要我把假期计划告诉孩子，他就能按计划学习，很省心。可是现在孩子上高中了，不愿意和我讲话了，别说教他什么，讲什么道理，能正常说话就不错了。"

六六的爸妈说："小时候，孩子觉得我们和她聊天太严肃了，就像老板和员工说话一样，根本不像是爸爸妈妈在说话。为了让孩子接纳我们，我们就学着改变说话的语气，等我们终于学会了像爸爸妈妈一样说话，她已经长大了。上高中以后，孩子很嫌弃地对我们说：'你们说话不要这么幼稚，不要把我当成小孩子。'"

即使是同一个孩子，在不同的年龄段，对父母的态度和期望也不一样。

13岁的刘昊然是一个极具逻辑智力天赋的孩子，他对妈妈的建议是："我知道妈妈爱我，但是我不喜欢她说话太啰唆，其实她可以直接告诉我怎么做。"

拥有不同性格的孩子与父母的沟通方式的要求也不一样。

究竟是哪些因素在影响家长和孩子之间的关系呢?

亲子关系主要受多种因素的影响，如父母的文化程度、家庭的经济状况、父母的性格、父母婚姻的质量、父母教育的方法、周边环境的教育情况、孩子的性格、孩子的朋友、孩子的经历等。

亲子关系就像银行储蓄一样，父母陪伴孩子的时间越多，投入的精力越大，孩子对父母的信赖和依恋就越强。

婴幼儿时期，孩子和妈妈相处的时间比较长，会对妈妈产生很强的依赖。妈妈在孩子婴幼儿时期和孩子的沟通互动很重要，妈妈要及时、恰当、积极地回应孩子的需要，这是形成良好的亲子关系的第一步。

如今的生活节奏很快，有些父母会请月嫂、保姆或爷爷奶奶、外公外婆来协助照顾孩子。如果父母陪伴孩子的时间不多，投入的精力不够，孩子往往就会对其他的照顾人员更加信赖，甚至不愿与其分离。

幼儿时期，是父母帮助孩子建立良好习惯和规则意识的重要时期，这就考验家庭成员的统筹协调、团队合作的能力。作为孩子身边的亲人，大家要协同配合，共同营造良好的亲子氛围。

孩子的降生改变了家庭原本的人员结构，小家庭从两个人变成了三个人，如果再加上孩子的爷爷奶奶或外公外婆，就会面对育儿经验不足、家庭成员生活磨合等挑战，难免会出现手忙脚乱、顾此失彼的情况。

在这种情况下，父母双方要做好分工，事事要提前商量，坦诚地面对问题，建立起稳固的、密切的、亲密的同盟关系，为良好的亲子关系打下基础。

假如家庭成员总是在孩子面前吵架，出现冲突，时间长了，会让孩子产生许多不良的情绪，孩子就会通过斗嘴、哭闹、发脾气等行为体现出来。

父母要处理好夫妻关系和隔代关系，加强协同合作，提升自己的各方面能力，就能收获良好的亲子关系。

父母要想建立良好的亲子沟通，就要建立以爱为基础的亲子关系，做好以下方面很重要：

1. 看见自己孩子的优点

父母不要拿自家孩子和其他孩子比较。过度比较是对孩子的伤害。父母要能看见自己孩子的优点，看到的优点越多，亲子关系就越好。

2. 选择信任，适度放手

有的父母过于关注孩子，生怕孩子受到一点点伤害，把孩子的活动范围严格限制在自己的视野范围内。父母的过度保护会干扰孩子身心的正常发展，容易助长孩子骄横的心理，从而破坏亲子关系。

3. 建立规则，适度给予自由

父母之间有时会产生冲突，往往是家庭教育理念不一致导致的，所以教育阵线达成统一非常重要，团结一切可以团结的力量，让孩子在统一规则、统一理念、统一认知的家庭环境中，学会理解和接纳规则。

很多父母都很爱学习。随着各种教育理念的传播，很多父母都在进行各种教育尝试，让孩子自由快乐便是其中的一种教育理念。因为孩子比较小，父母不容易把握自由的尺度，所以容易造成"规则太少，自由过度"的情况。

如果父母要求孩子不要玩手机，自己又抱着手机不放，孩子往往就会说："连你都做不到，为什么要求我做到呢？"

父母和孩子约定好了规则，结果孩子犯了错，违犯了规则，家长却舍不得按照约定好的规则处罚孩子，这样容易让孩子下次再犯同样的错误。等到孩子又犯了同样的错误，家长再想管孩子的时候，孩子就会质疑："上次你都没有管，为什么这次要管？"孩子就会在父母的"放纵"下，变得为所欲为，父母教育孩子将会变得非常困难。

孩子如果在规则和自由并行的环境中长大，往往就能理解和接受规则，就能遵守规则。这样一来，亲子关系也会变得越来越好。

4. 建立积极有效的沟通渠道

很多家长不怕孩子说得多，怕的是孩子什么都不说。成人和孩子都会有情绪，不同的是，成人的情绪往往是深深埋在心底的，而孩子可能因为心爱的玩具丢了、没有人关注他、没有吃到想吃的食物等小事而闹情绪。

情绪宜疏不宜堵。家庭要建立畅通的双边沟通机制，保证每个家庭成员都能表达自己的意见和建议，并且能够得到其他家庭成员积极的反馈。如果孩子的话有人听，有人接纳，孩子就愿意说，也愿意听。

家长可以每周安排一个固定时间作为亲子时间，也可以举办家庭会议或家庭演讲会，让孩子有机会发泄一下情绪。这样做既可以了解孩子的想法，又可以了解孩子对父母的意见。

孩子情绪爆发的时候，家长要耐心地倾听、接纳、理解，不要批评孩子。家长可以讲讲自己小时候遇到同样事情时的心情，和孩子产生共情，拉近亲子关系，还可以和孩子谈论解决问题的方法。

如果家长和孩子都知道彼此在想什么，亲子代沟就会不存在了。

5. 尊重和理解孩子

人与人之间产生冲突或矛盾，通常是缺少相互尊重和理解的结果。尊重和理解能通过一个人的言谈举止体现出来。孩子非常敏锐聪明，即使在婴儿时期，也能通过父母的语气、表情、肢体等判断出父母是否真诚。面对孩子，父母要心怀真诚，行动上才能体现出真诚。

当孩子向家长表达想法的时候，家长可以走到孩子身边坐下来，放下手机，眼睛看着孩子，认真仔细地听孩子说话，而不是玩着手机或干着工作，漫不经心地说："你说，我听着呢！"

尊重孩子，就是把孩子当作成人一样对待，一言一行都体现出尊重。

6. 亲子沟通的注意事项

（1）父母要能看到孩子的优点，并能具体地说出孩子的优点。

（2）父母要学会表达对孩子的信任，经常告诉孩子："你一定行！"

（3）父母要尊重孩子的感觉，积极倾听孩子的需要，并能真诚地表达自己的感受。

（4）父母要给孩子提供发泄情绪与谈论感受的机会。

（5）父母要经常观察孩子的需要与期待，让孩子常处于愉快和满足的状态中。

四、慢慢蓄积成长的力量

好的教育一定是能让孩子蓬勃生长的教育。怎样让孩子成为蓬勃生长的人，是每个家长面临的问题。

在陪伴孩子成长的过程中，父母要感受生命的精彩，要理解不同孩子的成长节奏也不同，让孩子满怀期待地一步步迈向未来。

养花时，从播种到开花结果往往包含以下五个关键步骤：

（1）播种。把种子种进土里，保持适宜的水分、温度和氧气。

（2）发芽。种子吸收水分和养分，长出小芽。

（3）生长。叶子进行光合作用慢慢生长。

（4）开花。通过自然方式或人工方式进行授粉。

（5）结果。

在以上五个步骤中，种子需要什么样的土壤呢？种子发芽的时候，园丁要做哪些事情？小苗生长过程中要不要经常晒太阳？发芽时应该施什么样的肥？开花时要施什么样的肥？要不要松土？

在勤劳的园丁的悉心照顾下，做好以上每个步骤的管理，最终才能静待花开。

厚积才能薄发，在教育孩子的过程中，父母要做好孩子成长关键时期的教育，让孩子的内心储备巨大的能量，让孩子蓬勃成长，从容面对升学考试和人生大考，无论有无升学考试的加持，最终都能享受到人生大考的成功。

勤劳的园丁只有耐得住时间的考验，才能收获满园花开，用心的父母方能让孩子变得生机盎然。在教育的黄金十年里，父母安静地培土、浇水、修枝、施肥、除虫，静静等待孩子花季的到来，花开的时节，就是父母得到的最丰厚的回报。

这个世界，正在奖励早期就开始努力付出的父母。

五、父母的另两种角色：朋友和专家

父母在孩子的成长过程还扮演另外两种角色：朋友和专家。随着孩子年龄的增长，孩子的需求也在发生变化，父母的角色也在发生变化，有时是朋友，有时是专家。具体来说，孩子到了什么阶段，父母的角色要像朋友一样？又到了什么阶段，父母的角色要像专家一样？

比如在婴幼儿时期，父母主要的任务是养育；到了小学高年级或初中，孩子进入青春期，父母的角色开始向朋友和教练转变。

要想跟上孩子的步伐，父母要和孩子一起并肩努力前行，不断通关升级。

第一种角色：父母

父母的基本任务是养育孩子，照顾好孩子的吃喝拉撒睡和衣食住行，保护孩子安全长大。父母的养育满足了孩子基本的生理需求和安全需求。

如何知道父母在孩子心目中扮演的是哪种角色呢？可以看看孩子经常和父母交流什么问题：

"妈，我饿了！"

"我的袜子去哪里了？"

"今天有什么好吃的？"

"我的作业有什么？"

"爸，我妈呢？"

…………

有的家长只关注孩子吃什么更有营养，别被磕着撞着，别生病，别玩危险的游戏，别被其他人伤到，有没有及时增添衣服，等等。

如果小学高年级的孩子不愿意和家长深度交流，家长就要认真思考并梳理孩子从早到晚和自己交流最多的话题是什么，一一罗列下来，看看包含以上的话题有多少，来判断自己是否扮演着父母的基础角色。

随着年龄的增长，生活自理能力的逐渐增强，孩子的生理需求和安全需求被满足之后，孩子开始追求更高层次的需求，父母也将转为第二种角色，也就是朋友的角色。

第二种角色：朋友

如果孩子愿意把父母当作朋友，就说明亲子关系特别融洽。对孩子来说，朋友是什么？是在遭遇困难时，能够出手帮助自己的人；是感到孤单无助时，愿意倾听自己心声的人；是可以陪着自己天南海北谈心的人；可以是密友，也可以是诤友；是可以分享小秘密的人，也可以是在自己犯错的时候及时提醒自己的人。总之，朋友之间的感情很好，有共同语言，经常交流，相处起来很舒服，双方有时间就期望相约在一起聚一聚。

根据儿童心理发展的规律，从小学到高中，孩子的身体逐渐变得强壮，性格开始形成，梦想开始出现，孩子的世界在扩大，眼界在拓展，认知在提升。

在小学中高年级，孩子对社交和情感的需求开始变得明显，孩子开始在意老师、朋友的意见。家长发现，孩子小时候可以被一块糖或一个冰激凌激励，如今用美食激励不是那么奏效了。

孩子放学回家后，总想和父母分享上学的见闻、对同学的喜爱、身体变化带来的不安、同学之间的秘密、学习的喜悦、自己的成果、考试失利的难过等等。

孩子愿意向父母吐露心声，意味着孩子从内心把父母当成朋友了，父母能深入了解孩子的想法、苦恼和秘密。孩子在家里就能找到好的倾听伙伴，拥有纾解情绪的渠道，就不会总想向外求助。

要想让孩子愿意在成长的关键问题上接纳父母的意见，父母就要转变到第三种角色，也就是专家的角色。

第三种角色：专家

孩子会接受什么样的人给予的建议和意见呢？如果要让我们愿意接受一个人的意见和建议，那么这个人一定是某个方面的专家。专家是指专业能力强、经验丰富、有威信、受人敬重的人。孩子在什么情况下会接受父母的建议和意见呢？

孩子小时候，父母就是孩子心中权威的专家，父母说的话孩子都会相信，都会言听计从。随着孩子一天天长大，孩子的视野越来越宽广，终于有一天，孩子发现父母也是普通人，也有很多解决不了的问题，孩子就会把目光转向其他专家，对父母有可能"言听"，却不一定会"计从"了。

六、理解孩子的需求，让孩子充分接纳家长

父母的这三种角色会在什么时候切换呢？当然是要根据孩子的需求来切换。根据马斯洛需求理论，人有五种需求，从低到高依次为生理需求、安全需求、爱与归属需求、尊重需求和自我实现需求。

家长了解了马斯洛需求理论，再结合父母三种角色的功能，就能够更准确地响应孩子的需求。

低层次的需求得到满足以后，人就会追求更高层次的需求。如果家长已经开始追求较高层次的需求——尊重需求和自我实现需求，家长对孩子的教育焦虑感就会有所下降，家长就会回归到关注孩子本身的兴趣爱好上，就能给孩子更多的尝试和试错机会。

家长如果只追求较低层次的生理需求，每天都在为温饱问题而发

愁，往往就没有精力顾及其他的需求。有的家长认为，教育是改变家庭现状唯一的途径，就会不惜一切代价让孩子拼命学习；有的家长认为，读书无法改变现状，就有可能让孩子早早工作，为家庭减轻负担。

家长为孩子做出的选择往往和家庭环境、家庭经济状况、家庭计划、家长的期望、孩子的天赋特质相关，各家有各家的想法，没有绝对的对错之分。

父母学会退出，孩子就会更强大

有的孩子从小被父母呵护备至，往往容易养成依赖父母的习惯。有的孩子习惯凡事都问妈妈的意见，听从妈妈的话，常常说"我妈说……""我问一下我妈"，在本该独立的阶段依然过度依赖妈妈，就像未断奶的成年人。

一、"他还是个孩子"

熙熙攘攘的招聘现场，总会有父母陪孩子找工作的身影。董妈妈担心孩子不知道如何面试，于是陪孩子一起去招聘会现场。

小董26岁了，从南京某高校毕业后，在建筑工程行业工作了三年，已经结婚生子，来到招聘现场只是为了找份新工作。

董妈妈手里紧紧地拿着一个透明文件袋，陪小董在人群中穿梭。他们看中了一份监理岗位，董妈妈便迫不及待地将小董的毕业证书交给面试官。

这份监理岗位的需求和孩子的专业经历非常匹配，面试官开始向小董提出一系列问题。让面试官吃惊的是，每次提问时，董妈妈都会主动替小董回答。面试官赶快制止她："让孩子自己说，是他在找工作。"

小董话不多，面试官问一句，小董答一句，回答时还时不时看看妈妈。聊了几分钟后，面试官建议他再去其他公司看看有没有合适的岗位。董妈妈表示很不满意，问面试官小董哪里不合适。面试官问她："您今天为什么陪孩子过来面试呢？"

"他还是个孩子，我不放心，怕他受骗，过来帮他把一下关。"董妈妈坦然地回答。

面试官们面面相觑，委婉地告诉她："监理需要有很强的沟通能力，工作经验比证书更重要。一个人连找工作都需要妈妈陪着来，可见自己无法独立处理更复杂的关系。"

一句"他还是个孩子"，让他与心仪的岗位失之交臂。

36岁的男子和妈妈乘坐火车，工作人员要求查看身份证，但是该男子不但不配合检查，还试图强行闯入，并与工作人员发生冲突。

民警到达现场之后，男子的母亲还在一直辩解："不是我儿子的错，是工作人员先吵起来的，大家可都看见了。"随后，男子一边反抗，一边辱骂工作人员："我就是不给身份证，我已经买过票了，你们设置这个检查有什么用呢？"

民警准备要带他走，男子突然倒地撒泼，看没人理他，便起身戴上帽子，并推搡着民警，嘴里喊着："我现在生病了，我要去看医生。"民警上前阻拦时，男子用拳头打民警，用嘴巴咬住一名工作人员的手臂，一直不松口。

此时，男子的妈妈非但不劝阻，还拉着民警，冲民警怒吼："你们为什么几个人一起欺负他啊？他还是一个孩子啊！""他还是个孩子"似乎成了父母为孩子辩解的借口。

二、被父母宠坏的孩子将会失去什么？

我们时常听到父母说："他还是个孩子，你就应该让着他。""你这么大的人了，还跟不懂事的孩子计较。"

不可否认，孩子都是父母的掌中宝，父母会宠爱孩子，等孩子走上社会，社会不再像父母那么宠爱孩子。

如果父母不能帮助孩子适应社会，总有一天，被父母宠坏的孩子就会被社会重新教育，直到重新认识自己。

父母过度保护的养育方式往往会导致孩子发展出依赖型人格。

从生活起居到升学择业，早餐吃油条豆浆还是面包牛奶，上大学时是学计算机专业还是学医学专业，在家长的精细化养育或过度保护中，孩子往往会逐渐丧失独立选择判断的能力，会形成对父母过度依赖的习惯，甚至会患上选择困难综合征。

随着社交、恋爱、婚姻等多种关系的出现，孩子过度依赖父母的问题会越来越明显，严重时会影响孩子的事业发展和婚姻关系，影响孩子的生活幸福度。

世界上所有的爱都是为了相聚，只有一种爱是为了分离——那就是父母对孩子的爱。父母如果真正爱孩子，就要让孩子尽早作为独立的个体从原生家庭分离出去。

众多教育案例显示，野蛮生长的孩子生存和发展的能力更强，长在温室里的孩子很容易被风雨击垮。

三、教育的黄金十年中，父母要逐步放手

为了孩子的成长，在教育的黄金十年中，父母要逐步放手，从以

下四个方面逐步退出：

1. 放手让孩子做家务

父母要逐步从孩子应该干的家务事中退出，这样才能让孩子获得生存的能力。养废一个孩子的方式是不让孩子做任何家务，只有舍得放手的父母才能让孩子成长。

父母要做的就是忍住心，管住手，控制住自己总想帮孩子把什么事情都干了的想法。

干家务不仅能让孩子提高生活能力，也能促进家庭成员良好的沟通，也能为孩子未来的生活奠定基础。

2. 放手让孩子做选择

父母要放手让孩子自己做选择，要让孩子学会选择。每次小小的自主选择，能让孩子变得越来越自信，还能让孩子提升选择的能力，学会承担自主选择的结果，为未来更重大的选择做好准备。

3. 放手让孩子去探索

父母要放手让孩子探索，要让孩子具备探索的勇气，不要让父母过往的经验成为阻碍孩子尝试的理由。只要孩子敢去尝试新的事物，孩子的认知水平和经验就能得到提升。

4. 放手让孩子管理自己的财务

父母要放手让孩子管理自己的财务，让孩子学会经济独立。《优等生》一书中说道，孩子从管理好 1 元开始，才能管理好 100 元、10000 元，甚至 100 万元。

孩子小时候，父母要逐步改变对孩子有求必应的习惯，要逐步培养孩子赚钱的能力，比如参加兼职、当志愿者、去公司实习、摆摊、为大人工作等，有意识地培养孩子赚钱的意识和能力。

为了孩子变得更强大，父母要逐步退出孩子的世界。

做好这些事，教育更有效

一、孩子最不喜欢家长的十大行为

人民网曾经刊登过一个教育调查，列出了孩子最不喜欢父母的十种行为，具体如下：

（1）父母总是拿别人和我比较，总这样说："你学学人家谁谁谁。"

（2）父母总是翻看我的日记，打探我的隐私。

（3）父母答应我的事情总是做不到。

（4）父母经常在我面前吵架。

（5）父母只看重我的学习成绩，对其他方面都不在乎。

（6）父母在外人面前不尊重我，总是说我不好的地方。

（7）父母总是骂我："你怎么那么笨？"

（8）一到吃饭的时候父母就对我说教，我不喜欢和他们一起吃饭。

（9）父母不让我穿我喜欢的衣服，总是买他们认为好看的衣服。

（10）父母对我不管不顾，总会说："爸妈要忙着挣钱养你，没时间陪你。"

父母说话不算数的行为赫然上榜。父母说话不算数会对孩子造成什么影响呢？

二、孩子用生命提醒的教育

曾有两个上五年级的小姑娘用宝贵的生命提醒父母要守信用。这两个小姑娘相约爬上小区四楼的雨棚顶，她们打算用跳楼结束生命。前来救援的消防员劝说了很久，她们才终于哭喊着说出了原因："为什么大人说话总是不算数？为什么他们答应我们的事总是做不到？"

现场的人都大吃一惊，细细一问，才知道事情的来龙去脉。原来，两个小女孩是同班好朋友，双方父母答应她们，如果她们考出好成绩，就会带她到对方家里玩。因为心中有了期待，所以她们学习都很努力，都如愿以偿地在期中考试中取得了不错的成绩，她们满怀期待地盼到了约定的那一天。

让两个女孩非常失望的是，父母们都爽约了。她们愤怒得难以言表，也十分无助和失落，一时激动，便相约一起跳楼结束生命。

教育学中的"海恩法则"指出，很多棘手的大问题，往往由很多日常看似不起眼的小问题累加而成。因为双方父母都失信于孩子们，孩子们采用如此激烈的方式来抗议，到底有没有必要呢？

有的父母会觉得孩子太脆弱，小题大做。但是，发生雪崩前，没有一片雪花是无辜的。在此之前，父母也许多次失信于孩子们，让孩子们感到非常失望与痛苦，这样一次次积累下来，孩子们就在失望中爆发，竟然相约跳楼。

1. 成为被孩子信任的父母

人无信不立，业无信不兴，国无信则衰。在家庭教育的黄金十年中筑起父母和孩子之间坚不可摧的信任大堤，只有这样，父母在规劝孩子时，孩子才能欣然接受父母的意见，才愿意改变自己。当孩子足够信任父母时，孩子才认为父母是自己的后盾。

2. 相信自己的孩子

信任孩子和被孩子信任同样重要，如何获得孩子的信任，是家长需要修炼的课题。理想的诚信教育，是从家长言出必行必果开始的。孩子看到家长能够做到说话算数，才能够建立起诚信的概念，才会形成一诺千金的品格。

3. 如何让孩子信任自己？

（1）兑现承诺

在传统文化的家风传承中，有许多信守承诺的故事，曾子杀猪就是其中的一个。

> 曾子是春秋末期鲁国有名的儒学家、思想家，是孔子门生中七十二贤之一。有一次，他的妻子要到集市上办事，年幼的孩子哭着要跟着去。曾子的妻子不愿带孩子去，便许诺回来就把家里的猪杀了，煮肉给孩子吃。
>
> 孩子听了非常高兴，便不再吵着去集市了。曾子的妻子从集市回来，看到曾子真的抓了一头猪，要把猪杀了，就制止曾子，说自己刚才说的话只不过是和孩子闹着玩儿的，让曾子不必当真。
>
> 曾子告诉妻子，父母不能和小孩子闹着玩儿，孩子年纪小，不懂事，一直把父母当作学习的榜样，听从父母的教诲，母亲如果欺骗孩子，就等于在教孩子欺骗，孩子就不会相信自己的母亲了。曾子认为不能这样教育孩子，于是把猪杀了，给孩子煮肉吃了。

故事很简单，要想做一个让孩子信任的父母其实非常简单，就是兑现给孩子许过的诺言。

（2）信任补救

生活中总会发生临时变故，如果家长确实无法兑现给孩子的诺言，就要及时告诉孩子，详细地解释事情的来龙去脉，诚恳地向孩子道歉，取得孩子的谅解，争取下次完成承诺，避免在孩子的心中留下"不守信"的印象。以下是信任补救的几个步骤：

第一步：提出解决方案。比如原本计划外出旅行，突然临时有变，不管是要更改出行方式，还是要改变旅行目的地，还是要取消行程，家长都要耐心地把情况告诉孩子，让孩子看到家长真诚的心意，孩子即使有所不满，也会被家长的诚意打动。

第二步：对孩子承诺"下不为例"，期望孩子给家长改进或补救的机会。

家长期望孩子少用手机，但自己因为工作上的需要，不得不经常使用手机，这时可以告诉孩子，自己是在用手机工作，并展示给孩子自己用手机工作的状态。时间久了，孩子就会明白家长经常用手机的原因，当家长要求孩子少用手机时，孩子才肯听话。尽管孩子会原谅父母，父母还是要珍惜孩子对自己的信任，要提升自己的信用度。

打铁还得自身硬，这句话用在家庭教育上非常贴切。

管理好情绪，每逢大事有静气

家长每逢大事有静气，才不会在教育上盲目焦虑。父母希望孩子学会静心，自己要先静下来。

一、父母的唠叨有用吗？

有的孩子不爱听家长的唠叨，有的家长抱怨孩子不听自己的话。有的家长说："我如果说一句话就管用，就不会天天唠叨了。"有的家长非常委屈，觉得自己为孩子付出那么多，却没得到孩子的理解。

难道家长只能通过唠叨才能教育好孩子吗？家长越唠叨，孩子的反抗心理往往就越强，家长看到孩子越来越不听话，就越想继续唠叨，于是教育就进入了一个怪圈。

父母说得多，孩子就一定能变得听话吗？事实表明，这只是父母的一厢情愿。

其实父母说得越多，越容易让孩子产生心理上的超限效应。超限效应是指刺激过多、过强，或作用时间过久，从而引起心理极不耐烦或逆反的现象。家长能否尝试少说话呢？家长要让自己变得静下来，远离喧闹。其实少说话才会更加有力量。

如果家长一而再，再而三地向孩子强调一个问题，家长的权威性就可能被削弱。正如临近重要的考试前，父母和孩子都面临着巨大的压力，一位特级教师给出了多年总结出的经验："做好后勤，闭上嘴。"

二、安静下来的教育更有力量

人有两只眼睛和两只耳朵，却只有一张嘴，哲学寓意就是多看，多听，少说。数千年传统文化积淀下来的智慧告诉人们，静是智慧的开始。

《大学》中讲道："知止而后有定，定而后能静，静而后能安，安而后能虑，虑而后能得。"从古到今，心浮气躁的人往往难以成就大事，遇事沉着冷静、宠辱不惊的人往往能够顺利渡过难关。静能生慧，也能去躁，亦可养心。让心归零，万物皆明，淡然处事。

教育是一项长远的工程，家长唯有耐得住性子，让心静下来，才解决教育中存在的问题。

心静能让一个人体察事物的本质，发觉事物的细微之处，处理事情也能够省力，达到事半功倍的效果。心静能让人变得理智，思维变得清晰敏锐，在冷静的观察中审时度势，做出合乎理性的判断，快速找到解决问题的办法。

父母只有安静下来，才能在纷繁复杂的海量信息中梳理出有用的信息，才能在各种焦躁不安的教育导向中冷静地寻找方向，专注地思考未来，确定好努力的方向，坚定地朝着目标持续努力。

父母把心静下来，把做事的节奏慢下来，就会有更多的时间去聆听、观察孩子，就能找到教育的症结，然后对症解决问题。父母把安静的情绪传给孩子，孩子也能变得安静下来。

三、成为孩子的主心骨

家庭中情绪最稳定的那个人往往会成为家庭的精神支柱。内心安静的父母，态度往往从容淡定，行为也变得舒缓有序，在给孩子分享经验、讲授道理、提出要求时，会有条不紊，说话不疾不徐。这样的父母能让孩子感受到信服的力量，能成为孩子的主心骨。

家长一旦意识到自己开始唠叨，就在心里默默数三个数，并且迅速离开孩子，不给自己唠叨的机会。

越是遇到困难，越是考验父母内心的稳定性。教育好孩子是每个家庭的大事，每逢大事有静气，家长要学会静下心来，从宁静中慢慢汲取强大的力量，陪伴孩子踏踏实实地走好每一步。

四、获得教育定力，摆脱教育陷阱

身处在信息爆炸的大数据社会，每个人会悄悄地被大数据打上标签，互联网会根据一个人的标签来推送相关新闻或视频。另外，大数据社会的来临，让海量信息唾手可得。家长如果利用好网络上的资源，就能为孩子的学习助力；如果利用得不当，就容易不知不觉地走进教育误区。

如果家长总是关注优质的教育信息，互联网就会推荐各种优质教育信息。有的家长一看到其他家长疯狂给孩子补课的新闻，结果也给自己孩子加大补课力度。

家长需要时刻保持清醒，多关注社会的发展形势，多关注多元化的信息，摆脱片面信息的误导，立足长远的未来，冷静思考孩子的教育问题，摆脱焦虑和内卷的影响，摆脱各种教育陷阱，拥有教育的定力，真正成为孩子真正的梦想规划师，科学合理地教育孩子。

家长眼里看到的是什么样的社会，家长就会向孩子描绘什么样的社会。家长要能看到社会多维度的精彩，要告诉孩子这个社会有多精彩，有多有趣，是值得去努力奋斗的。被家长影响和感染的孩子会满怀期盼地面对未来。

设立边界，给彼此成长的空间

理想的教育状态是家庭成员之间的分工合作恰到好处，父母不会对孩子步步紧逼，不会施加压力，也不会放纵溺爱孩子，一切都是刚刚好的状态。设立边界，不仅能让家庭成员合理分工，也会让孩子学会尊重父母，学会对规则心怀敬畏。

一、让每个家庭成员都具有边界感

要想高质量地完成任务，首先要做好任务的界定。界定是指明确参与人员的工作内容范围、权限、责任等，明确在不同时期每个人要做什么，责、权、利的内容是什么，这样可以做到分工明确，把工作循序渐进地向前推进。

家庭成员之间的关系往往比较亲密，同时存在微妙的平衡制约关系，比如夫妻之间、婆媳之间、丈母娘和女婿之间、祖父母和孙子辈之间、父母和孩子之间等等。有些调皮的孩子会在多种关系之间找到对自己有利的突破口，打破事先约定好的规则。这时，大家需要一起商定好每个家庭成员的分工和权限，让每个家庭成员都具有边界感，都遵守统一的规则，这样才能避免陷入忙乱无效的状态，才能让教育顺利推进。

二、如何设立教育的边界

家长可以从以下几个方面设立边界：

1. 约定好统一的教育规则

在家庭中，家庭成员之间的冲突往往来自教育观念的不一致。妈妈认为孩子要从小树立规则意识，要求孩子遵守按时独立吃饭、少吃零食的规则。而孩子奶奶或外婆却担心孩子营养不良，总是追着喂孩子。妈妈要求孩子独立分担家务，但在妈妈看不见的时候，孩子的奶奶或外婆可能帮助孩子把家务做了。为了避免冲突，家庭成员之间最好约定好统一的教育规则。

2. 设立家庭成员之间的边界

大家要一起商定好每个家庭成员的分工和权限，沟通好责权利的边界，按照事先约定好的统一规则来教育孩子，避免伤害家庭成员的情感和积极性，比如：孩子的奶奶或外婆负责照顾孩子的哪些事宜？孩子的爷爷或外公负责照顾孩子的哪些事宜？遇到问题时，家庭成员之间应该如何协商解决？等等。这样一来，如果孩子被妈妈批评后，向奶奶寻求庇护，奶奶就会让孩子找相应负责的家庭成员沟通，而不会站出来为孩子撑腰。

如果有哪位家庭成员对其他成员的安排不满意，可以在家庭会议上沟通，提出意见，不要当面指手画脚，也不要干预其他家庭成员负责的领域。

随着孩子年龄的增长，孩子的自我意识越来越强烈。父母要掌握好分寸，主动和孩子一起商量，设立孩子的边界，给孩子足够的空间。分寸感是成熟的爱的标志，也就是父母懂得尊重孩子，把孩子当作具有独立人格的人，这样孩子才能变得越来越独立。

家长可以在孩子每年生日的时候，和孩子一起商量，从空间、时间、责任、权力、利益等方面给孩子设立边界。

3. 建立孩子的空间边界

家长要给孩子足够的空间，不要随意闯进属于孩子的领地，在进入孩子的卧室时，要事先敲门，要征得孩子的同意，不乱翻孩子的抽屉、书包等。

4. 建立孩子的时间边界

当孩子具备一定的自律性之后，家长可以尝试让孩子自己安排学习计划，自己规划学习时间，逐步让孩子学会自我管理。

5. 建立孩子的思想边界

家长要允许孩子拥有自己的秘密，不要翻看孩子日记，要允许孩子表达自己的意见，无论是对还是错。孩子的某些行为有可能暂时不符合父母的期望，这是孩子成长过程中必然会经历的事，父母要学会理解和接纳孩子，用合理的方式引导孩子。

6. 建立孩子责权利的边界

孩子不仅要努力学习，还要承担作为家庭成员的职责。如果孩子明白了自己的家庭职责，就会建立起责任心。家长可以根据孩子的年龄，和孩子商定需要孩子承担的家务和其他职责，让孩子逐渐从不食人间烟火变为热爱人间烟火。

接纳彼此的不完美

在家庭教育中，家长不要太用力，孩子才能变得更好。家长要放过自己，要接纳自己的不完美，因为谁也不是万能的。

一、不要做万能的妈妈

很多小学生都写过这样的作文——《我的万能妈妈》。有的孩子描述自己的妈妈几乎什么事情都会做，从烹饪美食到辅导作业，从配药治病到输液拔针，几乎无所不能。

如今社会，大家越来越重视家庭教育，很多家长希望自己尽最大努力为孩子付出，生怕自己的不完美影响到孩子的成长。有的家长对孩子提出过高的要求，不允许孩子出现一丝一毫的差错，这样会让家长和孩子都承受过重的压力，都会出现很多负面情绪，都会觉得很辛苦。

适度追求完美能让孩子产生动力，但过度追求完美往往会导致各种问题。父母如果过度追求完美，往往就会对孩子的方方面面都密切关注和精准要求，容易让孩子陷入密不透风的管控中，而且会对孩子期望过高，一旦孩子达不到自己的要求，就会变本加厉地管控孩子。长期在这样高度管控的环境下，孩子往往容易陷入抑郁的状态。

二、教育要张弛有度

这个世界上根本就没有完美的人。一个人如果期望别人都喜欢自己，往往就会隐藏自己的需求，小心翼翼地揣摩对方的要求，会过得非常压抑，还会感到身心俱疲。

如果父母期望孩子做得尽善尽美，完美无瑕，那么孩子最终的结果往往达不到自己的期望，还有可能把孩子逼出问题。

在孩子小时候，妈妈在孩子身上投入的精力特别多。养育孩子的任务非常繁重艰辛，妈妈如果对自己和孩子都要求很高，在孩子调皮捣蛋的时候就难免情绪失控，忍不住会对孩子训斥或打骂，事后又非常自责，生怕自己没控制好情绪对孩子的成长造成阴影，甚至会陷入自我否定的泥潭。久而久之，妈妈不仅会对自己造成伤害，还会把负面情绪传到孩子身上，孩子也会受到伤害。

妈妈如果能够在照顾孩子的同时善待自己，爱护自己，不对每件事都追求完美，适当降低对孩子的要求，就能让自己慢慢松弛下来，不再那么紧张焦虑。如果妈妈做到张弛有度，精神就会变得愉悦，心情就会变得从容淡定。妈妈良好的状态能让孩子受益，对孩子的性格塑造、习惯养成、精神面貌都有很多好处。

三、父母先要做好自己

父母肩负教育孩子的重任，先要做好自己，过好自己的生活。父母不一定非要整天围绕孩子打转，不必过度关注孩子的考试排名。父母要培养自己的兴趣爱好，要主动自发地学习，努力追求事业的发展，经营好亲密的婚姻关系，始终热爱生活。

孩子从小是通过父母看到这个世界的，父母有自己的兴趣爱好，孩子通过耳濡目染，将来也会有自己的兴趣爱好；父母有自己的朋友，常常和朋友谈天说地，常常感受到友情带来的快乐和温暖，再把朋友的相处之道告诉孩子，孩子将来也会拥有好朋友；父母有自己热爱的事业，再把自己努力工作获得成功的心得告诉孩子，孩子将来也会追求自己的事业；父母有努力追逐的梦想，再把自己的梦想规划告诉孩子，孩子将来也会有自己的梦想规划。

孩子看到父母一直在享受工作和生活，看到父母的人生是这样充实有趣，看到父母勇于面对困难并想办法解决困难，就能和父母一样感受到生活的精彩。

父母要坦然接受自己的不完美，要让自己活得更加真实，也可以让孩子看到父母真实的模样，这样就能给彼此更多的成长空间。

父母先经营好自己，才能教育好孩子。父母成为最好的自己才是教育孩子理想的方式。

四、接纳孩子的不完美

父母不仅要接纳自己的不完美，也要接纳孩子的不完美。社交平台上有人提问："你能接受孩子考上的大学不如你上的大学吗？"有位网友答道："我妈妈接受了。"

他说他的妈妈毕业于复旦大学医学院，大学时期拿了很多奖学金，是妥妥的学霸，可是他自己的成绩时好时坏，高考分数连一本线都没到。妈妈平时只会批评他不够努力，或者不够仔细认真，从来没有因为成绩差而批评他，还会夸他跑步得了第一、自己做攻略和朋友旅游，虽然这些都是小事，但妈妈依然很开心自豪。

孩子往往能够看到父母身上的优点。曾经有一个调查，让妈妈和孩子相互为对方打分，调查人员首先让妈妈给孩子打分，有几位妈妈总能说出孩子的若干不足，比如爱哭、爱闹、挑食、赖床、不听话等，然后迟疑地回答：

"70分吧！"

"85分。"

"我觉得90分吧！"

…………

调查人员再让孩子们打分，很多孩子扬起稚气的小脸，骄傲地回答：

"100分。"

"我给妈妈100分！"

…………

孩子之所以给妈妈打满分，是因为妈妈的某一个细微的优点，比如做饭很好吃、妈妈会吻自己、妈妈很爱自己等。在妈妈的眼里，只要孩子有一个瑕疵，这个瑕疵就会成为扣分点；而在孩子的眼里，只要妈妈有一个细微的优点，就是满分的妈妈。

五、每个孩子都是自己的冠军

如果把老鹰、猴子、老虎、鲨鱼放在一起对比，问哪种动物最厉害，很多人都会问："比什么？"老虎虽然能在山中当大王，但并不能在水里称霸，每种动物都有自己的厉害之处。

世界上并不是只有唯一的评价标准，比如升学考试、社会考试、人生考试这三种考试，就各有各的考点。父母需要明白，每个孩子都是自己的冠军，每个孩子都有自己的闪光点，这些闪光点能够帮助他们在不同的考试中成为赢家。

几米在《我不是完美小孩》里说："我知道我不是一个完美的小孩，但你们从来也不是完美的父母，所以我们必须相互容忍，辛苦且坚强地活下去。"

有的家长总是羡慕别人家的孩子，却不满意自家的孩子；有的家长总是盯着孩子的错误，却很少去发现孩子的优点；有的家长总是用成人的标准去要求孩子，却忘了孩子还处在稚嫩的童年；有的家长总是要求孩子超越别人，却没看到孩子现在比过去取得的进步。

家长在抱怨孩子的各种问题时，可以及时提醒自己换一个思路，去寻找孩子的闪光点，然后用平常心去思考孩子的优点，走出"过度追求完美"的泥潭。

父母能看到孩子的闪光点越多，即使是一点点微光，也能让孩子的自信心越强。在积极的心理暗示下，孩子就会顺着光明的方向越走越好，越走越远。

六、父母是学霸，孩子为什么不是学霸？

父母是学霸，孩子一定是学霸吗？清华大学刘瑜教授曾在一次演讲中调侃自己的女儿"正在势不可挡地成为一个普通人"。此言一出，引起了不少父母的共鸣："我和老公都是'985'大学的硕士，结果孩子平时能考及格就不错了。"

达尔文的表弟高尔顿提出的"均值回归"现象，也许能解释"父母是学霸，孩子不一定是学霸"的问题。

高尔顿通过研究父母和孩子的身高发现：如果父母比较高，他们的孩子就会比较高，但这些孩子的平均身高并没有他们父母的平均身高高；如果父母比较矮，他们的孩子就会比较矮，但这些孩子的平均身高却比他们父母的平均身高高。也就是说，父母的某个突出特征不一定会完全遗传给下一代。下一代的这个特征会向父母的均值靠近，这就是"均值回归"现象。

"均值回归"现象客观地解释了父母是学霸，孩子却不是学霸的现象。父母要意识到，孩子成为普通人的概率很高，平凡才是常态。父母如果能够合理调整对孩子的期望，降低对孩子的要求，就能看到孩子更多的优点，就能有效地缓解焦虑情绪。

学生时代非常优秀的父母往往容易对孩子抱有高期待，需要用平常心去看待孩子的不完美。

学会心疼自己，学会放过孩子

世界最无私的爱就是父母之爱，很多父母一直为孩子付出，而且不图回报。有的父母很少考虑自己，总是期望为孩子提供尽可能多的支持，这种全盘为孩子付出的教育方式被称为"牺牲式教育"。

父母对孩子的爱往往能给孩子带来安全感，但是泛滥的爱就会成为捆住孩子身心的束缚，让孩子动弹不得，压力重重。生活中不乏"牺牲式教育"的案例。

一、因害怕而离家出走的孩子

有这样一个新闻报道，一个8岁女孩晚上作业没写完，害怕被爸爸批评，便偷偷离家出走，所幸被警察找了回来。得知消息的父亲匆匆赶到派出所，大家以为父女相逢皆大欢喜，结果出现了让人惊讶不已的一幕。

父亲一脸怒容地呵斥孩子，说他每天上班忙到凌晨三点，熬夜赚钱，就想让女儿生活得好一些，训斥女儿这么不听话。

原来父亲是一名外卖员，而且是位单亲爸爸，他独自抚养女儿生活，生活非常不容易。父亲最大的愿望就是女儿能好好学习，将来过上更好的生活。为了给女儿提供良好的生活条件，父亲不分白天黑夜地努力工作。

女儿没有做完作业，又离家出走，这让一直默默承受艰辛工作的父亲突然情绪爆发，说出了"你要是还这样，就别回来了"的气话。女儿一言不发地流着泪站在角落里，年幼的她不知道该如何面对父亲的震怒。

视女儿为掌上明珠的父亲，在极其愤怒的情况下，说出了自己的委屈，为什么他如此辛苦努力，倾尽所有，女儿还是这么不懂事。

以下这些话在生活中很常见：

"爸爸妈妈给你创造这么好的条件，你一定要好好学习。"

"我们每天那么辛苦工作，都是为了你，你要好好努力！"

"我这么努力，还不是为了让你过得更好！"

"我都放弃工作全身心陪你了，你还不知道努力。"

"我舍不得吃，舍不得穿，起早贪黑地干活，都是为了你，你却这样不懂事，真让我伤心。"

…………

二、放过孩子，帮助孩子缓解压力

有的家长宁愿自己节衣缩食，也要给孩子提供优越的生活，即使家里的经济条件很普通，也要给孩子买高档的电子产品、衣服，这样往往容易让孩子产生攀比心。

有的家长专门辞职回家，全心全意地陪伴孩子，每天为孩子忙活三餐，早送晚接，晚上辅导孩子学习，日复一日，全方位密切关注孩子的学习。面对家长全身心的投入，有的孩子往往容易产生很大的压力，就好像生活在父母以爱的名义做成的"茧房"，密不透风，又无法逃离。

如果家长过于关注孩子的学习，孩子就会产生无形的压力，孩子在面对考试的关口时，往往就会变得高度紧张，甚至会带来生理上的反应，比如会出现胃痛、高热、口腔溃疡、颤抖等现象，结果往往会在考试中失利。

家长如果过度牺牲自己，总是让自己受委屈，情绪压抑，这样并不会让自己感觉到幸福，还会给身边的人带来压力，容易造成两败俱伤。

家长适度的爱能让孩子面对困难和压力自如应对，泛滥的爱往往会把孩子逼出问题。

生活本来就不容易，父母要学会爱自己，学会心疼自己。只有父母的状态变得松弛，孩子才有可能放松下来。爱能让彼此都松弛下来。父母要放过自己，也放过孩子。

结束语：理想的教育结果是水到渠成

教育的成果是父母和孩子双方同时努力的结果，如果只靠单方面的热情是不够的。教育是一项庞大而复杂、持续而长久的系统工程，不是依靠美好的想象或空洞的说教就能达成的。父母要想清楚教育的目标，敏锐捕捉到社会发展的变化，和孩子一起努力学习成长，通过激发孩子的梦想，让孩子产生从内到外的动力，让孩子从被动努力转为主动努力，这样才能收获孩子的成长。

教育并不是一个人的战斗。自主自发的孩子和努力成长的父母，是人世间最美好的相遇，共同创造出理想的教育成果。父母要成为孩子的梦想规划师，孩子的梦想会通过一家人的共同努力实现。

理想的教育结果是水到渠成。